Reane Strübing

Rund um die Inhaltsangabe

Stationen im Lernzirkel

Mit einem Vorwort von Dr. Heinz Klippert

Schroedel

Inhaltsverzeichnis

Vorwort

Wer die SchülerInnen zu mehr Selbstständigkeit, Selbstverantwortung und Mitverantwortung befähigen möchte, der muss sie verstärkt im eigenverantwortlichen Arbeiten und Lernen fordern und fördern. Diese Erkenntnis ist eigentlich so alt wie die (Reform-)Pädagogik, dennoch steht ihre konsequente Einlösung in den meisten Schulen nach wie vor aus. Zwar gibt es in den letzten Jahren bemerkenswerte Bemühungen um eine stärkere Öffnung des Unterrichts hin zu mehr selbstständigem und selbstorganisiertem Lernen – insbesondere in den Grundschulen. Freilich macht ein Sonnenstrahl noch keinen Sommer. In vielen Sekundarschulen sind die besagten Bemühungen bestenfalls sporadischer Natur. Da wird mal Wochenplanarbeit, mal Stationenarbeit oder auch mal Projektarbeit praktiziert, schaut man jedoch genauer hin, so stellt man häufig fest, dass es eher um vordergründige Alibi-Aktivitäten, denn um eine systematische Implementierung neuer Lernformen geht.
Dabei wären viele SchülerInnen so dankbar, wenn der alltägliche Unterricht stärker handlungs- und projektorientiert verlaufen würde. Viele von ihnen möchten selbst aktiv sein und etwas Sinnvolles machen; sie möchten Erfolgserlebnisse haben und knifflige Probleme lösen; sie möchten kreativ sein und etwas gestalten; sie möchten forschen und entdecken, anstatt immer nur vordergründig das wiederzukäuen, was ihnen von Lehrerseite vorgesetzt und abverlangt wird. Kein Wunder also, dass die sattsam bekannten Lern- und Motivationsprobleme in unseren Schulen wachsen und LehrerInnen wie SchülerInnen zunehmend zu schaffen machen.
Die Diskrepanz zwischen dem, was die SchülerInnen von einem guten Unterricht erwarten und dem, was traditionell ausgebildete und unterrichtende Lehrkäfte praktisch anbieten und abverlangen, ist mittlerweile so groß geworden, dass sich vielerorts gravierende Friktionen und Frustrationen einstellen. Die Lehrkräfte bemühen sich, ihren Stoff möglichst straff durchzubringen und den Unterricht zielstrebig zu steuern und wundern sich, dass viele SchülerInnen diese „Dienstleistung" nicht mehr so recht zu schätzen wissen. Sie dozieren und präsentieren, sie disziplinieren und korrigieren, sie setzen Impulse und strukturieren die Ergebnisse – kurzum, sie sind „hyperaktiv" und lassen den SchülerInnen häufig nur noch den Nachvollzug. Das Tragische daran ist, dass diese Rolle immer häufiger zum „Burnout" führt und von daher ganz dringlich die Frage nach gangbaren Alternativen aufwirft.
Reane Strübing bietet mit ihrem Arbeitsheft zur Stationenarbeit im Deutschunterricht eine derartige Alternative an. Die SchülerInnen müssen an den unterschiedlichen Stationen im Rahmen des Lernzirkels „Rund um die Inhaltsangabe" in vielfältiger Weise arbeiten, Probleme lösen, Verantwortung übernehmen und in den einzelnen Gruppen konstruktiv zusammenarbeiten. Angesagt ist also nicht nur die Einzelarbeit, sondern auch und zugleich Teamarbeit im besten Sinne des Wortes. Entsprechende Teamregeln sorgen dafür, dass die SchülerInnen wissen, worauf es ankommt. Gelernt wird mit allen Sinnen, indem sehr verschiedenartige Lernaufgaben und -tätigkeiten auf dem Programm stehen. Die leistungsheterogene Zusammensetzung der Gruppen sorgt überdies dafür, dass die nötigen Helfer- und Problemlösungspotenziale da sind, ohne die ein wirksames eigenverantwortliches Arbeiten und Lernen letzlich nicht auskommt. Gefragt sind Selbstorganisation und Selbstmanagement, Teamgeist und Kommunikationsfähigkeit, Zielstrebigkeit und Durchhaltevermögen, Kreativität und Problemlösungsvermögen. Diese „Schlüsselqualifikationen" machen deutlich, dass Reane Strübing mit ihrem Arbeitsheft auf dem richtigen Weg ist.

Dr. Heinz Klippert

Hinweise zum Einsatz der Stationen im Unterricht

Was für einen Sinn hat das Lernen an Stationen?

Im Rahmen der pädagogischen Schulentwicklung nimmt das **eigenverantwortliche Arbeiten (EVA)** der Schüler einen zentralen Stellenwert ein. Im breiten Spektrum der wiederentdeckten und neuveröffentlichten Methoden zur didaktischen Aufbereitung der Lerninhalte findet man auch das **„Lernen an verschiedenen Stationen".** Je nach Bearbeitungsform auch **Lern- oder Übungszirkel** genannt,[1] handelt es sich dabei um ein Unterrichtsverfahren, das neugierigen Kollegen, aber auch Skeptikern den Zugang zu EVA erleichtert. Denn in der Stationsarbeit

- **muss** der **Schüler** sich die Lerninhalte selbst er**arbeiten,**
- werden verschiedene Lerninhalte miteinander vernetzt,
- bleiben die **Lerninhalte** in den **Händen des Lehrers,**
- **entlastet** die Unterrichtssituation **den Lehrer** und **erfreut den Schüler.**

Das Lernen an Stationen stellt das traditionelle Rollenverständis des Lehrers als Wissensvermittler nicht unmittelbar in Frage, da nur die Aneignung des Wissens in die Verantwortung des Schülers übertragen wird, nicht aber der Gegenstand des Lernens.

Welche Lerninhalte vermittelt der vorliegende Lernzirkel?

Auch im Bereich der **Aufsatzlehre** im Deutschunterricht ist es möglich, **schüleraktivierende Unterrichtsmethoden** einzusetzen und eine **Vernetzung** mehrerer **Lerninhalte** herzustellen. Die hier vorliegenden Stationsmaterialien dienen der Einübung der Inhaltsangabe und berühren **alle Lernbereiche des Deutschunterrichts:** Sprechen, Schreiben, Umgang mit Literatur, Grammatik und Methodenerwerb. Dabei vermittelt der Zirkel Kenntnisse über die literarischen Formen „Sage" und „Schwank" und setzt grammatikalische Schwerpunkte im Bereich „Modus" und „Adverbialsatz". Auch die Einübung methodischer Fertigkeiten wie „markieren", „strukturieren", „Gestaltung eines Lernplakats", Anfertigung eines „Mindmaps" etc. wird in diesem Verfahren berücksichtigt.

Welche lernpsychologischen Gesichtspunkte berücksichtigt der Lernzirkel?

- Der Zirkel setzt **keine** zwingende **Reihenfolge** der Bearbeitung voraus.
- Die **Bearbeitungszeit** einer Station liegt bei minimal ca. 20 Minuten (Übungszirkel) und maximal 45 Minuten (Lernzirkel).
- Jede Station enthält für sehr zügig arbeitende Schüler(gruppen) „Zeitpuffer" in Form von **Zusatzaufgaben**.
- Die Bearbeitungsform erfolgt in **leistungsheterogener Gruppen**zusammensetzung.
- Die stille Besinnung jedes einzelnen Schülers auf die Aufgabe geht an den meisten Stationen der Gruppenarbeit voran.
- An den Stationen erfolgt eine **mehrkanalige Aufnahme** (d. h. mit allen Sinnen) des Lerninhalts. Die z. T. spielerischen Zugänge sorgen für eine verbesserte Speicherung der Lerninhalte im Langzeitgedächtnis.

Welche Erfahrungen wurden mit dem Lernzirkel gemacht?

Der Zirkel wurde wie vorliegend in einer siebten Jahrgangsstufe (mit viel Freude an der Sache) durchlaufen. Die im Anschluss an diese Unterrichtseinheit durchgeführte Leistungserhebung erzielte gute Ergebnisse. Überraschend, aber erfreulich waren die Reaktionen innerhalb der Elternschaft. Alle im Lernzirkel verwendeten Einzelmethoden sind jahrelang im Unterricht erprobt und haben sich im Schulalltag bewährt.[2] Die hier vorliegenden Materialien rufen bei Fortbildungsveranstaltungen unter den Fachkollegen stets ein positives Echo hervor. Dem Wunsch nach Vervielfältigung der Ideen und Materialien wird mit dieser Veröffentlichung Rechnung getragen.

---

[1] Die Begriffsvielfalt, die hier in der pädagogischen Landschaft herrscht, sollte einen nicht verwirren. Gemeinsam ist diesen variierenden Unterrichtsmodellen die reformpädagogische Grundidee, dass Schüler selbstständig (und eigenverantwortlich) vom Lehrer didaktisch aufbereitetes Material erarbeiten.

[2] An dieser Stelle möchte ich auf Dr. Heinz Klippert hinweisen, einen Wegbereiter in der Unterrichtsentwicklung, dessen methodische Anregungen in einigen der hier aufgeführten Stationen praktische Umsetzung erfahren haben. Klipperts Bücher „Methoden-Training", „Kommunikations-Training" und „Teamentwicklung im Klassenraum" bilden zusammen den Sockel seines „Haus des Lernens" – eine überzeugende Metapher für ein Schulentwicklungsprogramm, das Klippert vertritt.

Rund um die Inhaltsangabe Best.-Nr. 3-507-41760-X

Rund um die Inhaltsangabe Best.-Nr. 3-507-41760-X

Wie durchlaufen die Schüler die Stationen?

a) Im **„Rundgang":** Dazu ordnen Sie 9 Tischgruppen in Kreisform im Raum an und legen die Materialien der verschiedenen Stationen an (immer denselben) Tischen aus. Obwohl die Stationen einen inneren Zusammenhang aufweisen, können die Arbeitsbereiche unabhängig voneinander durchlaufen werden. **Eine Reihenfolge** mit einem Wechsel der Schülergruppen, z.B. im Uhrzeigersinn, ergibt sich daher **nur aus organisatorischen Gründen.** Inhaltlich spielt es keine Rolle, welche Station für die Tischgruppe die Anfangsstation darstellt.

b) (alternativ!) Im **„Buffetgang":** Wenn Sie die Sitzordnung kaum verändern und **die Gruppen nach einer inhaltlichen Rangfolge arbeiten sollen,** lagern Sie die Materialien alle an einem Ort, z.B. auf den ersten Bänken. Vor die Arbeitsblätter stellen Sie ein Schild mit dem entsprechenden Stationssymbol. Die chronologische Bearbeitung der Stationen kann der hier abgedruckten Reihenfolge entsprechen. **Vorsicht:** Eine von vorneherein festgelegte Abfolge impliziert einen größeren Kopieraufwand, denn die Materialien müssen ja allen Schülern gleichzeitig zugänglich sein.

Wodurch unterscheiden sich Lern- und Übungszirkel in der Praxis?

a) Beim **Lernzirkel** handelt es sich um die Erstvermittlung der Aufsatzart. Sie müssen Ihren Schülern an den Stationen eine Bearbeitungszeit von 45 Minuten einräumen, insgesamt also **9 Unterrichtsstunden,** denn es müssen **alle Aufgabenstellungen** eines Arbeitsblattes erledigt werden. In dieser Variante empfiehlt es sich, den Schülern an den Stationen „Indirekte Rede" und „Überblick" Querverweise zu **ergänzenden Informationen** im jeweiligen Schulbuch (Grammatik/Sprachbuch) zu liefern. Dabei müssen die entsprechenden Seitenangaben vor dem Kopiervorgang noch auf den Stationsarbeitsblättern notiert werden.

b) Im **Übungszirkel** sollen die Schüler die Inhaltsangabe **wiederholen** oder **Teilaspekte** dieser Aufsatzart **vertiefen** und besitzen bereits **Vorkenntnisse.** Der Stationswechsel ist bereits nach 20 Minuten möglich. Die Gesamtzeit beträgt also maximal **4 1/2 Unterrichtsstunden.** Die Zusatzaufgaben können in häuslicher Nachbereitung erfolgen. Das Schulbuch ist hier nur Hilfsmittel. Eine Reduktion durch Auslassen von Stationen verkürzt die gesamte Unterrichtszeit entsprechend. **Vorsicht**: Damit die Bearbeitungsform in Kleingruppen jedoch nach wie vor gewährleistet ist, müssen Sie die restlichen Stationsmaterialien in mehrfacher Ausführung bereitstellen.

Kann man auch andere Autoren oder Textsorten für den Zirkel heranziehen?[3]

Einige Stationen können Sie inhaltlich unverändert übernehmen. Dem methodischen Rahmen anderer Stationen passen Sie diejenigen Inhalte ein, die Ihren individuellen Zielsetzungen entsprechen.

Kann man den Zirkel mit anderen Themenbereichen verknüpfen?

Eine Einbettung in folgende Zusammenhänge ist möglich:

- Deutsch: Wort- und Satzlehre, Literaturgeschichte, Kurzprosa, Theater
- Geschichte: Leben im Spätmittelalter, Zünfte
- Sozialkunde: Erziehung und Bildung
- Musik: Libretto, Opern: „Die Meistersinger von Nürnberg"

Wie wissen die Schüler, was sie an den einzelnen Stationen zu tun haben?

Jede Station enthält

- ein Arbeitsblatt mit Überschrift, Merksatz und Arbeitsanweisung für den Schüler
- ein Lösungsblatt zur Sicherung der Ergebnisse (kann auch beim Lehrer bleiben)

[3] Meine Schüler kannten Hans Sachs, obwohl Autor ihrer Heimatstadt, bis dahin nicht. Die verwendeten Texte sind z.T. recht unterhaltsam, sie weisen kein Lokalkolorit auf und vermitteln aufschlussreiche Einblicke in allgemein menschliches Verhalten.

An manchen Stationen befinden sich darüber hinaus

- weiterführende Informationsblätter, Puzzles, verschiedene Legespiele und Satzstreifen

Müssen die Schüler im Umgang mit neuen Methoden vertraut sein?

Alle Stationsbeschreibungen sind in ihren Arbeitsanweisungen so verfasst, dass auch Ungeübte sich schnell in dieser Arbeitsform zurechtfinden und den Zirkel ohne so genannten „Laufzettel" bearbeiten können. Bei einem **Rundlauf** werden den einzelnen Schülergruppen lediglich ihre Anfangsstationen durch den Lehrer mitgeteilt.
Auf S. 10 finden Sie noch einige Hinweise zum „richtigen" Arbeiten in der Gruppe. Sie können diese vergrößert im Klassenzimmer aufhängen oder jedem einzelnen Schüler aushändigen.[4]

Was hat der Lehrer beim Durchlauf des Zirkels zu tun?

1. Die Einteilung der Tischgruppen sollten Sie sorgsam und mit viel Gespür für die sozialen Verflechtungen innerhalb der Klasse vornehmen. Folgen Sie der Empfehlung, leistungsheterogene Dreiergruppen aus einem starken und zwei schwächeren Schülern zu bilden, ist zügiges und sachlich richtiges Arbeiten garantiert. Auf diese Weise aktivieren Sie mit Ihren starken Schülern so genannte „Helfersysteme" (Klippert).
2. Besteht Ihre Klasse aus mehr als 27 Schülern, müssen Sie einige Vierergruppen bilden. Liegt die Zahl Ihrer Schüler unter 27, reduziert sich entweder der Anteil der Gruppenmitglieder oder eine Station bleibt beim Rundlauf immer unbesetzt.
3. Während der Unterrichtsstunden dieses Zirkels ist ein defensives Lehrerverhalten erwünscht, denn die Schüler sollen diese Stationen eigenverantwortlich durchlaufen. Durch die Korrektur der Zusatzaufgaben verschafft sich der Lehrer einen Überblick über den Lernfortschritt des einzelnen Schülers.

Welche Vorbereitungen sind zu treffen?

1. Die anfallenden Kopier- und Bereitstellungstätigkeiten entnehmen Sie bitte der nebenan aufgeführten Tabelle. Das Kopieren der Puzzles und Satzstreifen erfolgt am besten auf verschiedenfarbigen Karton (festes Material). Arbeits- und Lösungsblätter sollten einheitlich auf farbiges Papier kopiert werden.
2. Es empfiehlt sich, die Arbeitsblätter jeder Station in einen Schnellhefter einzuordnen, der im rückwärtigen Teil eine Tasche besitzt. Hierin können dann die zusätzlichen Materialien und Lösungsblätter aufbewahrt werden.
3. Die Aufgabenstellungen der Arbeitsblätter setzen voraus, dass der Schüler über eine gesonderte Heftführung in der Aufsatzlehre verfügt. Auch hier bietet sich ein Schnellhefter an, in welchem alle Stationsarbeitsblätter und Hausaufgaben gesammelt werden.

Was kommt nach dem Zirkel?

Mit Abschluss der Stationsarbeit **als Lernzirkel** verfügt der Schüler über eine schriftliche Textzusammenfassung zum Basistext „Der Mann im Sack". **Im Übungszirkel** ist ein vollständiger Übungsaufsatz rein fakultativ. Eine geeignete **Lernzielkontrolle** wäre eine Inhaltsangabe über einen Schwank, z. B. „Der fahrende Schüler im Paradies" von Hans Sachs.

[4] In Anlehnung an Dr. Klippert, „Teamentwicklung im Klassenraum"

Rund um die Inhaltsangabe Best.-Nr. 3-507-41760-X

Station	Arbeitsblätter	Lösungsblätter	Zusatzinfos	Zusätzliche Stationsblätter	Sonstiges
Autor	Pro Station als Klassensatz kopieren und lochen; in 9 Schnellhefter einordnen	auf einheitlich farbiges Papier kopieren; 1x den jeweiligen Mappen zuordnen oder beim Lehrer deponieren			pro Gruppe ein leeres DINA3-Blatt, 3 Filzstifte ergänzen
Einleitung					
Handlungs-schritte					
Verknüpfung				Satzstreifen auf festen Karton (3 Farben) kopieren und schneiden; Lückentext kopieren	evtl. Satzstreifen und Lückentext vergrößert kopieren
Charakteri-sierung				Informationsblätter kopieren	
Indirekte Rede			Querverweis Grammatik/ Sprachbuch	Spielplan kopieren (DINA3)	4 Spielfiguren und Würfel pro Station ergänzen
Textsorte				Informationsblatt kopieren; Spielkarten kopieren und schneiden	Spielkarten je nach Wunsch vergrößern
Adverbial-sätze				Informationsblatt kopieren; Karten (fest) und Tabelle kopieren; Puzzle 4x kopieren	Karten und Tabelle je nach Wunsch vergrößern
Überblick			Querverweis Sprachbuch, Fremdwörter-duden	Satzstreifen auf festen Karton (6 Farben) kopieren	1 Tüte Gummi-bärchen pro Gruppe ergänzen

Der Mann im Sack

Über der giebelreichen Stadt Erfurt lag der rote Schimmer des Abends. Die Glocken schlugen von den Türmen, und der Torhüter schloss die schweren Holztüren. Da klopfte draußen noch ein verspäteter Wanderer und begehrte Einlass. Aus dem Geleitbrief, den er vorzeigte, war zu ersehen, dass er Hans Sachs hieß, aus Nürnberg kam und trotz seiner siebzehn Jährlein schon Geselle des ehrbaren Schusterhandwerks war. Er hatte auf langen Straßen das deutsche Land durchquert. Staubig und müde stand er nun unter dem Torbogen, und der Wächter blickte ihm sinnend nach, als er über das unebene Pflaster in die Stadt trottete. Ja, er war schon weit gewandert heut! Mit dem springenden Bach zu seiner Seite hatte er Schritt gehalten, über steinige Feldwege war er gezogen, um Erfurt noch vor der Nacht zu erreichen; denn hier hoffte er endlich Arbeit zu bekommen. In vielen Dörfern und Städten hatte man ihn trotz seiner Bitten immer wieder abgewiesen. Ach, wie war er müde, wie brannten ihm die Füße! Trocken klebte ihm die Zunge am Gaumen und der Magen knurrte. Den ganzen Tag über hatte er keinen warmen Bissen gegessen und sich nur an einem Stück harten Brotes und am klaren Wasser der Quellen gelabt. Nun suchte er an den Häusern entlang nach dem Zeichen seiner Zunft. Aber nirgends hing ein Stiefel über der Tür, nirgends fand Hans Sachs die Schusterherberge. Schließlich kam er auf einen breiten Platz. Da trug der Abendwind plötzlich verlockenden Duft her. Köstlicher Geruch von gebratenem Fleisch, von brutzelnden Würsten und frischem Kraut strich um die Häuserecken. Dem Wanderer lief das Wasser im Mund zusammen. Er atmete tief und ging dem Duft nach. Ehe er selbst wusste, wie es geschehen war, saß er in der Gaststube der Wirtschaft „Zur Hohen Lilie“, und dampfende Schüsseln standen vor ihm auf dem Tisch. Er schöpfte mit vollem Löffel allerlei leckere Speisen, verschlang das Fleisch, die Brühe, das Gemüse und stürzte den herben Wein gierig hinab. Er wusste gar nicht, wie ihm geschah. Er bestellte immer wieder aufs Neue, verlangte Gebratenes und Gesottenes und aß und aß, dass ihm der Schweiß auf der Stirn stand. Die Mägde flitzten hin und her, der Koch schürte immer wieder das Feuer im Herd, und der Wirt stand schmunzelnd abseits in der Ecke, rieb sich die Hände und freute sich an einem solchen Gast, der ihm – natürlich für gutes Geld – die Speisekammer leerfraß. Und als der Fremdling endlich die Teller glatt geschleckt hatte, setzte sich der Wirt zu ihm, um ihn, wie sich's bei vornehmen Herren gebührt, noch ein wenig durch allerlei schmeichelhafte Reden zu unterhalten. Dabei versäumte der geschäftige Mann nicht, vor jeden Satz in höflicher Weise „Euer Gnaden“ oder „Euer Hochwohlgeboren“ zu setzen, bis der Gast ihm die Hand auf die Schulter legte und gütig meinte, er sei durchaus kein Graf und auch kein vornehmer Herr. Das wollte der Wirt natürlich nicht glauben. „Ihr habt doch eben wahrhaftig gräflich gespeist“, erwiderte er, „... und Ihr werdet auch gräflich zahlen, wie ich denke!“ Zahlen? – Dieses Wort schreckte den fremden Jüngling jäh aus seinen glücklichen Träumen. Bezahlen? – Ei, daran hatte er bisher noch gar nicht gedacht. Der Hunger war in ihm so mächtig gewesen, dass er wohl die klare Besinnung verloren hatte. Bezahlen? Womit sollte er denn bezahlen? Er hatte doch keinen Pfennig im Beutel. Und weil Hans Sachs einer von jenen Leuten war, die nicht lange nach Ausflüchten suchen oder sich auf Lügen besinnen, sondern freimütig die Wahrheit sagen, darum bekannte er dem Wirt seine Schuld offenherzig und gestand ihm, dass ihn der Hunger hier hereingetrieben habe, dass er aber die ganze Zeche auf Heller und Pfennig begleichen werde, wenn er in Erfurt Arbeit erhalten habe. Doch mit solcher Ehrlichkeit war er hier an die falsche Adresse geraten. Zornrot sprang der Wirt von seinem Platz auf und schrie, dass auf den Regalen die zinnernen Teller wackelten und die Butzenscheiben klirrten: „So ein Lump! So ein Zechpreller! In den Mühlsack mit ihm!“ Hans Sachs versuchte, den Wütenden zu beruhigen und erklärte ihm immer wieder, dass er bestimmt nichts schuldig bleiben wolle, sondern alles bis auf den letzten Bissen gern bezahlen werde, wenn er erst Arbeit und Lohn erhalten habe. „Wenn! – Wenn! – Wenn!“, plärrte da der andere dawider. „Ich lasse Euch meinen Ge-

Rund um die Inhaltsangabe Best.-Nr. 3-507-41760-X

Rund um die Inhaltsangabe Best.-Nr. 3-507-41760-X

leitbrief hier!“, meinte Sachs. „Der kann gefälscht sein!“, brüllte der Wirt, „… und er ist bestimmt gefälscht; denn von Euresgleichen darf man nur Schwindel und Betrug erwarten!“ Da erschienen auch schon zwei kräftige Kerle an der Tür. Es waren die beiden Hausknechte des Gasthofs „Zur Hohen Lilie“. Der eine trug einen ledernen Mühlsack in der Hand, und der andere stürzte sich gleich auf den Fremdling, packte ihn und zerrte den Ärmsten durch die Stube. Auch der Wirt griff wacker zu. Drei gegen einen! Da half kein Schlagen, kein Zappeln, Hans Sachs musste in das lederne Gefängnis. Rasch banden die zwei Knechte den Mühlsack zu, schleppten ihn auf die Tenne und warfen ihn sehr unsanft zu Boden. Der Wirt schimpfte noch mit bösen Worten hinterher und versetzte dem Mann im Sack noch manchen kräftigen Fußtritt. – Das war eine schlimme Nacht für den Nürnberger Schustergesellen. Er konnte sich nicht dehnen und nicht recken in diesem engen Gefängnis. Durch einen schmalen Spalt, den man oben offen gelassen hatte, drang nur spärlich frische Luft herein. „Die Erfurter sind grausame Leute“, dachte Hans Sachs, „recht eigenartig ist dieses Schlafgemach! Fast möchte ich lachen, wenn mich der Rücken nicht so schmerzen würde. Aber es geschieht mir recht, ganz recht! Warum hab’ ich den Hunger nicht noch für kurze Zeit zurückgedrängt? Vielleicht wäre schon in der nächsten Gasse die Schusterherberge gewesen. Dort hätte man mich anders aufgenommen. Aber was hilft’s nun?“ – Träge krochen die Stunden dahin. Gegen Morgen zog kühler Wind durch die Türe, und die Steinfliesen der Tenne waren kalt wie Eis. Eine Magd kam vorüber. Die klapperte mit dem Melkeimer. „Nur ein wenig lass mich heraus!“, bettelte Hans Sachs, „damit ich mir die verstauchten Glieder wieder einrenken kann!“ Die Magd war ein gutes Ding. Sie fühlte Mitleid mit ihm. Sie band die Schnüre auf, und der Gefangene kroch aus seiner ledernen Zelle. Er dehnte die Arme, gähnte, machte tiefe Kniebeugen, bog das Kreuz nach vorn und nach rückwärts, hüpfte bald auf dem rechten, bald auf dem linken Bein, schüttelte den Kopf und klopfte sich den Buckel ab. Doch plötzlich waren Schritte zu hören. „Flugs in den Sack!“, befahl die Magd. Aber Hans Sachs wollte davon jetzt nichts mehr wissen. Es gefiel ihm hier außen viel besser. Das Mädchen bat ihn. Aber er machte immerfort nur tiefe Kniebeugen und hörte nicht hin. Da schenkte sie ihm zwölf Kreuzer, und für das Geld tat ihr der arme Teufel endlich den Gefallen: Er kroch wieder in seinen Mühlsack zurück. Doch nun sollte er erfahren, dass diese Magd gar nicht so sanft war, wie er vermutet hatte; denn kaum waren die Schnüre oben wieder zugeknotet, da holte sich das Mädchen einen Besenstiel und schlug so lange und so derb auf den Schuster ein, bis er gern das Geld wieder durch die schmale Öffnung hinausfallen ließ. Die seltsame Gefangenschaft dauerte bis in den späten Morgen. Schließlich kamen die beiden Knechte und der Wirt und ließen den Zechpreller frei. Mit geballten Fäusten standen sie bereit; denn sie meinten, er werde in großer Wut auf sie losfahren. Aber Hans Sachs lachte hell auf, schritt auf den Wirt zu, reichte ihm die Hand und sagte: „Ich danke Euch für die gute Lehre, die Ihr mir da gegeben habt. Und das will ich versprechen: Meinen ersten Gesellenlohn werde ich „Zur Hohen Lilie“ tragen, damit Ihr erhaltet, was Euch zusteht.“ Der Wirt war sehr überrrascht und schüttelte den Kopf. „Aber nein, junger Mann“, sagte er, „es ist bei uns hier in Erfurt so Brauch, dass man den, der seine Zehrung nicht begleichen kann, in den Mühlsack steckt. Wer aber diese Strafe abgebüßt hat, ist frei von jeder Forderung. Ihr braucht mir nichts mehr zu bezahlen. Und nun geht – und Glück auf den Weg!“ Die beiden Knechte glotzten sich verwundert an; eine solche Versöhnung hatten sie nicht erwartet. Nach acht Tagen schon brachte der Schustergeselle Hans Sachs dem Wirt „Zur Hohen Lilie“ in einem Säcklein die schuldige Zeche – und ein langes Gedicht dazu, überschrieben: Der Gast im Sack.

Du musst diesen Text in den folgenden Stunden immer mit dir führen!

Wie arbeitet man in der Gruppe richtig?

Liebe Schüler,
hier findet ihr einige Hinweise, die euch die Arbeit in den nächsten Stunden erleichtern sollen. Damit ihr euch zügig euren Aufgaben zuwenden könnt, solltet ihr unter euch „Posten" verteilen, d. h. immer einer von euch ist für eine ganz bestimmte Aufgabe verantwortlich.

REGELBEOBACHTER

- er sorgt für einen zügigen Arbeitsbeginn
- er macht auf Regelverstöße aufmerksam
- er räumt Materialien und Station auf

ZEITMANAGER

- er schätzt den ungefähren Zeitbedarf
- er hat die verstreichende Zeit im Blick
- er mahnt die Gruppenmitglieder notfalls zur Eile

GESPRÄCHSLEITER

- er vertritt die Gruppe nach außen
- er wendet sich bei Rückfragen an den Lehrer
- er fordert „Schweiger" zum Reden und „Vielredner" zum Schweigen auf

AUFGABENKONTROLLEUR

- er achtet darauf, dass alle die Arbeitsanweisung durchlesen
- er hakt die einzelnen Aufgaben ab
- er hat immer die noch zu erledigenden Aufgaben im Blick

Und hier noch Regeln, die ihr alle beherzigen solltet:

GRUPPENREGELN

- leise arbeiten
- mitmachen
- aussprechen lassen
- Toleranz zeigen
- konzentriert arbeiten
- gegenseitig helfen
- Konflikte meiden
- beim Thema bleiben

Rund um die Inhaltsangabe Best.-Nr. 3-507-41760-X

Rund um die Inhaltsangabe Best.-Nr. 3-507-41760-X

Übersicht über die neun Stationen

Autor

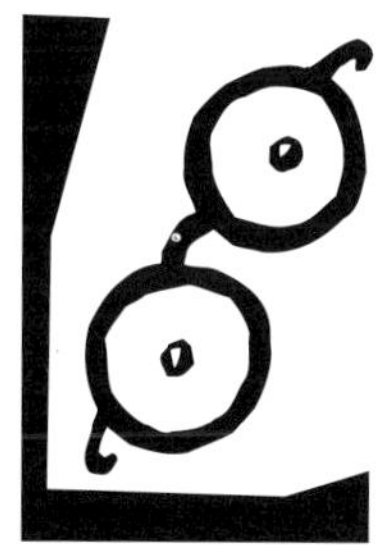

Überblick

Einleitung

Handlungsschritte

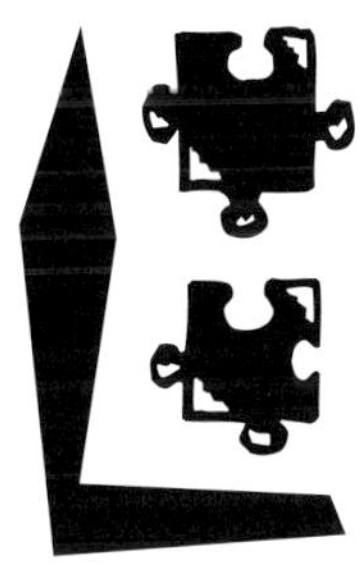

Verknüpfung

Charakterisierung

Indirekte Rede

Textsorte

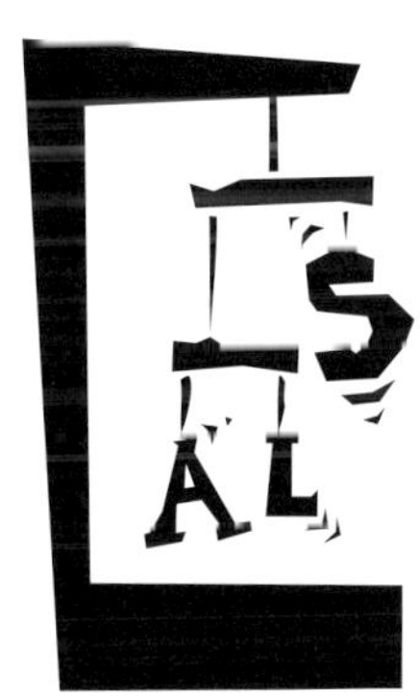

Adverbialsätze

Autor

„Basic Infos“: Was sollte man über den Autor und sein Werk wissen?

Wenn man den Inhalt eines Textes zusammenfassen und wiedergeben soll, muss man zuerst in Erfahrung bringen, wer für den Inhalt verantwortlich zeichnet. Für das Textverständnis ist es oft hilfreich, wenn man Informationen zur Biografie und dem Werk des Autors einholt.

Hans Sachs geboren 5. 11. 1494 in Nürnberg, gestorben 19. 1. 1576 ebenda
Der Sohn eines Schneiders besuchte die Lateinschule und ging nach deren Abschluss bei einem Schuster in die Lehre. Nach langjähriger Wanderschaft ließ er sich als Schuhmachermeister in Nürnberg nieder. Er und sein Werk sind untrennbar mit seiner Heimatstadt und mit dem so genannten „Meistersang” verbunden. Seine Person und Bedeutung stellten Goethe in dem Gedicht *Hans Sachsens poetische Sendung* (»in Froschpfuhl all das Volks verbannt, das seinen Meister je verkannt«) und Richard Wagner in seiner Oper *Die Meistersinger von Nürnberg* heraus. Meistersinger waren in Zünften organisierte, bürgerliche Autoren, die nach Feierabend ihr Handwerkszeug mit der Feder vertauschten. Ihnen galt Dichtung ebenso wie ihr Handwerk als erlernbare Kunst, als handwerkliche Fertigkeit, die bestimmten Gesetzen unterworfen war. Auch Sachs musste in seinen Meisterliedern diese Vorgaben beachten: Form, Reim, Vers und Strophe waren genau vorgeschrieben. Das Gleiche galt auch für die »Weise«, die dem Text zugeordnete Melodie. Zudem überwachten beim Vorsingen der Lieder so genannte »Merker« die genaue Einhaltung dieser Regeln. Sachs war sehr belesen und als Autor ungemein produktiv. Man zählt über 4000 verschiedene Werke von ihm: neben geistlichen und weltlichen Gedichten *(Meisterlieder)* lustige und lehrhafte Theaterstücke (so genannte Fastnachtsspiele und »comédies«), Fabeln und Prosadialoge. Seine Stoffe entnahm er der Bibel, den Schriften der Antike, Volksbüchern, Erzählsammlungen und Sagen. Mit seinem Werk wollte Sachs auf vielfältige Weise seine Zeitgenossen durch Unterhaltung belehren. Obwohl noch einige Fastnachtsspiele in Lesebüchern zu finden sind *(Der fahrende Schüler im Paradies)*, entsprechen viele dieser Dichtungen nicht mehr dem heutigen Verständnis von Literatur.

Etwas gekürzt übernommen aus: dtv junior Literaturlexikon, S. 195

1. Jeder Einzelne von euch markiert in dem obigen Lexikonauszug mit drei Farben Zusammengehöriges: z. B. **Rot:** Herkunft, Ausbildung und Wohnort Hans Sachs’, **Grün:** Meistersinger und Regeln des Meistergesangs, **Blau:** Werke und Bedeutung Hans Sachs’ in der Nachwelt!

2. Nun gestaltet ihr auf dem leeren DINA3-Blatt gemeinsam ein so genanntes „Mindmap“, eine „Landkarte“ für das Gehirn, damit es alle Informationen zu Hans Sachs besser speichern kann. Ein Mindmap besteht aus „Haupt- und Nebenstraßen (oder -ästen)“, an welche man inhaltlich zusammengehörige Stichworte notiert und sie so benennt z. B.

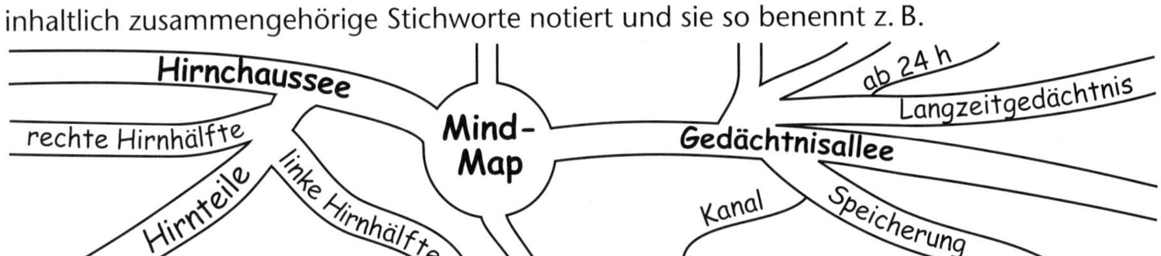

3. Die drei Hauptäste entsprechen den oben genannten Farbbereichen. Übertragt sie recht groß! Jeder von euch erweitert nun abwechselnd und im Uhrzeigersinn die Hauptäste, indem er eine Information aus dem Text als Nebenast einfügt. Übrigens: Dabei herrscht **Redeverbot!**

4. *Zusatzaufgabe:* Wenn euer Mindmap fertig ist, dürft ihr endlich sprechen, **allerdings nur** reihum in der Rolle eines Interviewers und der des Hans Sachs. Frei nach dem Motto: „Und heute zu Gast in unser Talkrunde: Der Meisterpoet Hans Sachs!“ gebt ihr nun Frage und Antwort zu Leben und Werk des Autors. Das Mindmap dient euch als Gedächtnishilfe.

5. *Zusatzaufgabe:* Übertragt das Mindmap in euer Aufsatzheft!

Rund um die Inhaltsangabe Best.-Nr. 3-507-41760-X

Lösung

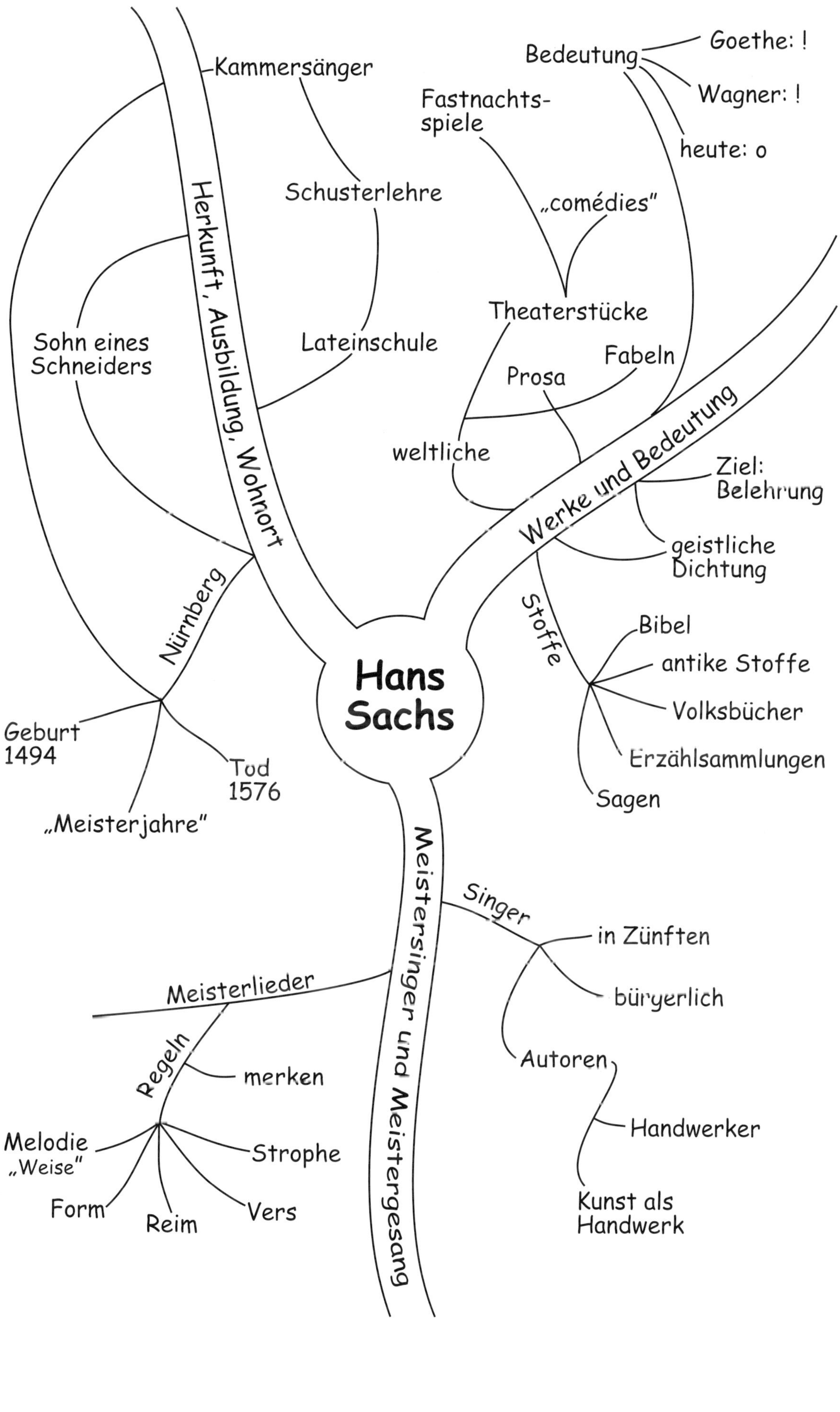

Rund um die Inhaltsangabe Best.-Nr.: 3-507-41760-X

Anfang gut – Alles gut! Wie beginnt man mit einer Inhaltsangabe?

> Ihr wisst ja, dass fast jede Aufsatzart nach folgender Gliederung aufgebaut werden kann: Einleitung – Hauptteil – Schluss. Das gilt auch für die Inhaltsangabe. Im Gegensatz zur Erzählung gibt die Inhaltsangabe aber schon meist in einem so genannten „Basissatz" in der Einleitung alle „Geheimnisse" preis. Verwendetes Tempus ist übrigens immer das Präsens.

Auf dem unteren Teil dieses Arbeitsblattes findet ihr Beispiele für Einleitungen.

1. Überlegt erst einmal allein, welche Informationen die verschiedenen Einleitungen gemeinsam haben, und versucht die Frage zu beantworten, welche Sachverhalte eine Inhaltsangabe in ihrer Einleitung benennen muss! Vergleicht dann eure Ergebnisse in der Gruppe!

2. Wenn ihr glaubt, alles gefunden zu haben, dürft ihr eure Notizen mit dem Ergebnis auf dem Lösungsblatt vergleichen und den Merksatz von dort in diese freien Zeilen schreiben.

____

____

____

____

____

Beispiele:

- In ihrem „Tagebuch" beschreibt Anne Frank das Leben zweier jüdischer Familien, die sich dem Zugriff der Nationalsozialisten im Dritten Reich entziehen, indem sie in einem Versteck untertauchen. Humorvoll schildert das junge Mädchen die Alltagsprobleme ihrer „freiwilligen Mitgefangenen", bevor sie alle durch Verrat an die Nazis ausgeliefert werden und in verschiedenen Lagern zu Tode kommen.
- Aus Liebe zu einer jungen Frau verschweigt ein Schneider, der aufgrund seiner vornehmen Kleidung für einen Grafen gehalten wird, seine wahre Herkunft. Die Entdeckung des Schwindels führt zwar zur Achtung des Schneiders durch die Kleinstädter, entgegen aller Erwartungen nicht aber zum Verlust der Liebe.
- Der Schwank „Rossdieb zu Fünssing" ist eines der bekanntesten, zugkräftigsten und heute noch häufig aufgeführten Fastnachtsspiele des Hans Sachs. Der Städter macht sich darin über die tölpischen Bauern lustig, deren Einfältigkeit ihnen zuletzt selbst zur Strafe gereicht, während der wahrhaft Schuldige sich ins Fäustchen lacht.

3. Nun wisst ihr, wie man einen „Basissatz" verfasst, und es sollte euch nicht schwer fallen, gemeinsam eine perfekte Einleitung zur Sage „Der Mann im Sack" zu schreiben. Achtet darauf, dass sie alle Elemente des Merksatzes enthält! (Übrigens: Eine Sage hat nie einen „Autor", sondern sie ist volkstümlich überliefert!) Übertragt diese Einleitung auf euer Aufsatzblatt!

4. *Zusatzaufgabe:* Verfasst Einleitungssätze zu berühmten Märchen und Sagen eurer Umgebung!

Rund um die Inhaltsangabe Best.-Nr. 3-507-41760-X

Rund um die Inhaltsangabe Best.-Nr. 3-507-41760-X

Lösung

In der Einleitung einer Inhaltsangabe
stellen wir dar,
um welche
literarische Form
es sich handelt,
nennen
den **Dichter** (Autor),
geben eine
Vorschau
auf die Geschichte
und versuchen
eine vorläufige Antwort
auf die Fragen:
wer, was, wann, wo
zu finden.

Durchblick schieben! Wie gliedert man eine Textvorlage?

Die Inhaltsangabe verlangt, dass man sich von der Sprache der Textvorlage löst und den Kern des Problems mit eigenen Worten darstellt. Dazu muss man zunächst die Frage klären, worum es eigentlich in dem vorliegenden Text geht.

1. Jeder Einzelne von euch liest die Sage vom Mann im Sack noch einmal durch und zerlegt sie in einzelne Sinnabschnitte! Markiert dazu den ersten Buchstaben eines jeden Sinnabschnitts mit einem Bleistift!

2. Wenn ihr damit fertig seid, vergleicht ihr euer Ergebnis mit dem der Gruppenmitglieder! Erst jetzt dürft ihr auf den unten abgedruckten KONTROLL-TIPP schauen.

3. Schreibt nun eine passende Überschrift über jeden Sinnabschnitt, indem ihr **das, was darin passiert, mit je einem Satz zusammenfasst!** (Einen vollständigen Vorschlag findet ihr auf dem Lösungsblatt.)

Fügt hier die Überschriften ein!

(Achtung: Es hätten durchaus auch drei Sinnabschnitte – als Unterabschnitte – mehr sein können.)

____

KONTROLL-TIPP: Wenn ihr die Anfangsbuchstaben eurer Sinnabschnitte zu einem Wort zusammensetzt, erhaltet ihr das Lösungswort: **ÜSDDGD**

4. *Zusatzaufgabe:* Übertragt die Überschriften der Sinnabschnitte auf euer Aufsatzblatt mit ca. 5 cm breiten Zwischenräumen, in die ihr später den gekürzten Inhalt der Station „Verknüpfung" einfügt! Auch vor der ersten Überschrift lasst ihr Platz für die Einleitung der Inhaltsangabe.

5. *Zusatzaufgabe:* Notiert mit Bleistift in die Zwischenräume weitere Schlüssel- oder Reizwörter, die das tragende Gerüst des jeweiligen Sinnabschnitts bilden!

Rund um die Inhaltsangabe Best.-Nr. 3-507-41760-X

Lösung

Über der giebelreichen Stadt …
Hans Sachs erreicht müde und hungrig nach einer langen Wanderung die Stadt Erfurt.

Schließlich kam er auf einen breiten Platz.
Er schlägt sich – unbedacht und von den Düften eines Wirtshauses verführt – den Bauch voll.

Dieses Wort schreckte den Jüngling jäh aus seinen … Träumen.
Es kommt zum Streit zwischen Sachs und dem Wirt, weil Sachs seine Zeche nicht bezahlen kann.

Da erschienen auch schon zwei kräftige Kerle …
Sachs wird zur Strafe für Zechprellerei in den Mühlsack gesteckt.

Gegen Morgen zog ein kühler Wind …
Sachs zeigt sich gegenüber einer Magd, die ihn befreit, undankbar und gerät mittels einer von ihr angewandten List wiederum in den Sack.

Die seltsame Gefangenschaft …
Der Wirt befreit Sachs aus dem Sack. Großes Erstaunen herrscht über die Einsicht des Zechprellers.

Rund um die Inhaltsangabe Best.-Nr. 3-507-41760-X

Verknüpfung

Jetzt geht's ans Basteln: Wie kürzt und verknüpft man einen Text?

In einer Inhaltsangabe reduziert man die Handlung auf das Wesentliche (die Sinnabschnitte) und verknüpft diese Sinnabschnitte logisch, d. h. Grund und Folge müssen immer richtig wiedergegeben werden. Als sprachliche Mittel verwendet man für diesen Vorgang des Verkürzens und Verknüpfens *Satzgefüge* mit **geeigneten Adverbialien** und ***präpositionalen Attributen.***

1. Bringt die im Briefumschlag (durcheinander geratenen) Satzteile in einen logischen Zusammenhang mit dem Gerüst der Inhaltsangabe, das auch unten abgedruckt ist! Ihr findet die sprachlichen Mittel in verschiedene Schrifttypen untergliedert.

2. Wenn ihr einen sinnvollen Text zustande gebracht habt, füllt die Lücken auf diesem Blatt und setzt dabei die richtigen Satzzeichen!

______________________________ und
______________________________ in den umliegenden
Dörfern, erreicht Hans Sachs todmüde und hungrig in der Nacht die Stadt Erfurt.
______________________________ gibt er der Verlockung nach,
______________________________ .
____
tischt der Wirt Hans Sachs allerlei Köstlichkeiten auf.
______________________________ bekennt Sachs seine Schuld.
______________________________ und
____________________ als Erweis ____________________
____________________ erhält er die für die Stadt übliche Strafe eines Zechprellers:
______________________________ wird er in den Mühlsack gesteckt.
____
erbarmt sich eine Magd am frühen Morgen des Gefangenen und befreit ihn.
____
bittet die Magd Sachs aber sogleich wieder in den Sack zu schlüpfen.
______________________________ kommt dieser ihrer Bitte nach.
Nun muss er am eigenen Leib spüren ____________________
Die Magd verabreicht ihm eine gehörige Tracht Prügel, bekommt ____________ ihr
Geld zurück und lässt den geschundenen Sachs im Sack liegen. ____________
____________ herrscht allseits großes Erstaunen ____________
____________ und ______________________________ .

4. *Zusatzaufgabe:* Wenn ihr an der Station „Handlungsschritte" angelangt seid oder sie vielleicht schon bearbeitet habt, dürft ihr diesen Text so zerschneiden, dass seine Teile in die Zwischenräume unter den entsprechenden Überschriften eingepasst werden können.

5. *Zusatzaufgabe:* Welche Schlüssel- oder Reizwörter bilden das tragende Gerüst dieser Inhaltsangabe? Markiert und vergleicht mit der Zusatzaufgabe der Station „Handlungsschritte"!

Rund um die Inhaltsangabe Best.-Nr. 3-507-41760-X

Lösung

Aufgrund einer langen Wanderung und **der vergeblichen Suche** *nach einer Herberge* in den umliegenden Dörfern, erreicht Hans Sachs todmüde und hungrig in der Nacht die Stadt Erfurt.

Obwohl *er kein Geld hat,* gibt er der Verlockung nach, *in einem Wirtshaus einzukehren, um sich den Bauch vollzuschlagen*.

Aus Freude *über einen vermeintlich zahlungskräftigen Gast* tischt der Wirt Hans Sachs allerlei Köstlichkeiten auf.

Als es ans Zahlen der Zeche geht, bekennt Sachs seine Schuld.

Trotz seiner Beteuerung *die Rechnung später zu bezahlen* und **trotz des Anerbietens** als Erweis *für seine Aufrichtigkeit den Geleitbrief als Pfand zu hinterlassen,* erhält er die für die Stadt übliche Strafe eines Zechprellers: **Mit Fußtritten und Schlägen** wird er in den Mühlsack gesteckt.

Nachdem Sachs eine grauenhafte Nacht in dem Sack verbracht hat, erbarmt sich eine Magd am frühen Morgen des Gefangenen und befreit ihn.

Aus Angst *vor Entdeckung* bittet die Magd Sachs aber sogleich wieder in den Sack zu schlüpfen.

Doch erst, *als sie den Schustergesellen mit zwölf Kreuzern besticht,* kommt dieser ihrer Bitte nach.

Nun muss er am eigenen Leib spüren, *wie es ist, wenn man betrogen wird.*

Die Magd verabreicht ihm eine gehörige Tracht Prügel, bekommt **dadurch** ihr Geld zurück und lässt den geschundenen Sachs im Sack liegen.

Bei der Befreiung *durch den Wirt* herrscht allseits großes Erstaunen *über das fehlende Aufbegehren des Gefangenen* und *seine Einsicht in die Rechtmäßigkeit der Strafe.*

Rund um die Inhaltsangabe   Best.-Nr. 3-507-41760-X

Adverbialien

Aufgrund einer langen Wanderung

trotz des Anerbietens

der vergeblichen Suche

Mit Fußtritten und Schlägen

Obwohl

Bei der Befreiung

Doch erst

Aus Angst

Aus Freude

Trotz seiner Beteuerung

dadurch

Präpositionale Attribute

über einen vermeintlich zahlungskräftigen Gast

für seine Aufrichtigkeit

vor Entdeckung

durch den Wirt

nach einer Herberge

über das fehlende Aufbegehren des Gefangenens

seine Einsicht in die Rechtmäßigkeit der Strafe

Satzgefüge

Nachdem Sachs eine grauenhafte Nacht in dem Sack verbringt

als sie den Schustergesellen mit zwölf Kreuzern besticht

um sich den Bauch vollzuschlagen

Als es ans Zahlen der Zeche geht

er kein Geld hat

die Rechnung später zu bezahlen

den Geleitbrief als Pfand zu hinterlassen

in einem Wirtshaus einzukehren

wie es ist, wenn man betrogen wird

Rund um die Inhaltsangabe Best.-Nr. 3-507-41760-X

Lückentext

Verknüpfung

______________________________ und
______________________________ in den umliegenden Dörfern, erreicht Hans Sachs todmüde und hungrig in der Nacht die Stadt Erfurt.

______________________ gibt er der Verlockung nach,
______________________________.

____
tischt der Wirt Hans Sachs allerlei Köstlichkeiten auf.

______________________ bekennt Sachs seine Schuld.
______________________________ und
______________ als Erweis ______________
______________________ erhält er die für die Stadt übliche Strafe eines Zechprellers: ______________
wird er in den Mühlsack gesteckt.

____
erbarmt sich eine Magd am frühen Morgen des Gefangenen und befreit ihn.

______________________ bittet die Magd Sachs aber sogleich wieder in den Sack zu schlüpfen.

____
kommt dieser ihrer Bitte nach.

Nun muss er am eigenen Leib spüren ______________
____

Die Magd verabreicht ihm eine gehörige Tracht Prügel, bekommt ________ ihr Geld zurück und lässt den geschundenen Sachs im Sack liegen.

______________________ herrscht allseits großes Erstaunen
______________________________ und
______________________________ .

Rund um die Inhaltsangabe   Best.-Nr. 3-507-41760-X

„Achtung: VIPS*!" Wie charakterisiert man Handlungsträger?

Wenn man die Wesenszüge der Hauptpersonen erkennt, kann man durch geschicktes Zusammenfassen ihrer Eigenschaften in Attribute sehr viel Text der Vorlage kürzen. So fragt man sich also immer, was der Text über das Äußere und Innere der beteiligten Personen verrät!

1. Untersucht erst einmal allein die unten genannten Personen im Hinblick auf ihre Wesensmerkmale! Ihr findet alle Äußerungen über und von den Personen auf den beiden Informationsblättern. Haltet Äußeres (z. B. Alter, Beruf, Erscheinungsbild) und Inneres (die Charakterzüge, die aus der Rede und den Handlungen der Menschen hervorgehen) auf der unteren Tabelle fest! Löst dabei verbale Satzkonstruktionen in Adjektive und Nomen auf!
Hier ein Beispiel:

- Und weil Hans Sachs einer von jenen Leuten war, die nicht lange nach Ausflüchten suchen oder sich auf Lügen besinnen, sondern freimütig die Wahrheit sagen, darum bekannte er dem Wirt seine Schuld offenherzig und gestand ihm, dass ihn der Hunger hier hereingetrieben habe, dass er aber die ganze Zeche auf Heller und Pfennig begleichen werde, wenn er in Erfurt Arbeit erhalten habe.
- Hans Sachs: grundehrlich, offenherzig, Schuldbewusstsein

2. Wenn ihr damit fertig seid, vergleicht ihr eure Ergebnisse untereinander! Am Schluss könnt ihr noch einmal das Lösungsblatt heranziehen. Nun verfügt ihr über drei einfache Charakteristiken der Hauptpersonen.

3. *Zusatzaufgabe:* Fasst alle Wesensmerkmale zu einem treffenden Gesamturteil zusammen!

4. *Zusatzaufgabe:* Versucht einmal, die drei Hauptpersonen zu zeichnen!

	Äußere Merkmale	**Innere Haltungen**
HANS SACHS		
WIRT		
MAGD		

*Abkürzung für „very important persons", meist verwendet als Begriff für Filmstars und andere Menschen im öffentlichen Leben

Rund um die Inhaltsangabe Best.-Nr. 3-507-41760-X

Hans Sachs

Aus dem Geleitbrief, den er vorzeigte, war zu ersehen, dass er Hans Sachs hieß, aus Nürnberg kam und trotz seiner siebzehn Jährlein schon Geselle des ehrbaren Schusterhandwerks war. Er hatte auf langen Straßen das deutsche Land durchquert. Staubig und müde stand er nun unter dem Torbogen, …

Ja, er war schon weit gewandert heut! Mit dem springenden Bach zu seiner Seite hatte er Schritt gehalten, über steinige Feldwege war er gezogen, um Erfurt noch vor der Nacht zu erreichen; denn hier hoffte er endlich Arbeit zu bekommen.

Ehe er selbst wusste, wie es geschehen war, saß er in der Gaststube der Wirtschaft „Zur Hohen Lilie", und dampfende Schüsseln standen vor ihm auf dem Tisch.

Er schöpfte mit vollem Löffel allerlei leckere Speisen, verschlang das Fleisch, die Brühe, das Gemüse und stürzte den herben Wein gierig hinab. Er wusste gar nicht, wie ihm geschah.

…, bis der Gast ihm die Hand auf die Schulter legte und gütig meinte, er sei durchaus kein Graf und auch kein vornehmer Herr.

Dieses Wort schreckte den fremden Jüngling jäh aus seinen glücklichen Träumen. Bezahlen? – Ei, daran hatte er bisher noch gar nicht gedacht. Der Hunger war in ihm so mächtig gewesen, dass er wohl die klare Besinnung verloren hatte. Bezahlen? Womit sollte er denn bezahlen? Er hatte doch keinen Pfennig im Beutel.

Hans Sachs versuchte, den Wütenden zu beruhigen und erklärte ihm immer wieder, dass er bestimmt nichts schuldig bleiben wolle, sondern alles bis auf den letzten Bissen gern bezahlen werde, wenn er erst Arbeit und Lohn erhalten habe.

„Aber es geschieht mir recht, ganz recht! Warum hab' ich den Hunger nicht noch für kurze Zeit zurückgedrängt? Vielleicht wäre schon in der nächsten Gasse die Schusterherberge gewesen. Dort hätte man mich anders aufgenommen. Aber was hilft's nun?"

Aber Hans Sachs wollte davon jetzt nichts mehr wissen. Es gefiel ihm hier außen viel besser. Das Mädchen bat ihn. Aber er machte immerfort nur tiefe Kniebeugen und hörte nicht hin.

Da schenkte sie ihm zwölf Kreuzer, und für das Geld tat ihr der arme Teufel endlich den Gefallen.

Aber Hans Sachs lachte hell auf, schritt auf den Wirt zu, reichte ihm die Hand und sagte: „Ich danke Euch für die gute Lehre, die Ihr mir da gegeben habt. Und das will ich versprechen: Meinen ersten Gesellenlohn werde ich „Zur Hohen Lilie" tragen, damit Ihr erhaltet, was Euch zusteht."

Nach acht Tagen schon brachte der Schustergeselle Hans Sachs dem Wirt „Zur Hohen Lilie" in einem Säcklein die schuldige Zeche – und ein langes Gedicht dazu, überschrieben: Der Gast im Sack.

Rund um die Inhaltsangabe Best.-Nr. 3-507-41760-X

Der Wirt

… der Wirt stand schmunzelnd abseits in der Ecke, rieb sich die Hände und freute sich an einem solchen Gast, der ihm – natürlich für gutes Geld – die Speisekammer leerfraß.

Und als der Fremdling endlich die Teller glatt geschleckt hatte, setzte sich der Wirt zu ihm, um ihn, wie sich's bei vornehmen Herren gebührt, noch ein wenig durch allerlei schmeichelhafte Reden zu unterhalten. Dabei versäumte der geschäftige Mann nicht, vor jeden Satz in höflicher Weise „Euer Gnaden“ oder „Euer Hochwohlgeboren“ zu setzen.

Das wollte der Wirt natürlich nicht glauben. „Ihr habt doch eben wahrhaftig gräflich gespeist“, erwiderte er, „… und Ihr werdet auch gräflich zahlen, wie ich denke!“

Doch mit solcher Ehrlichkeit war er hier an die falsche Adresse geraten. Zornrot sprang der Wirt von seinem Platz auf und schrie, dass auf den Regalen die zinnernen Teller wackelten und die Butzenscheiben klirrten: „So ein Lump! So ein Zechpreller! In den Mühlsack mit ihm!“

„Wenn! – Wenn! – Wenn!“, plärrte da der andere dawider. „Der kann gefälscht sein!“, brüllte der Wirt, „… und er ist bestimmt gefälscht; denn von Euresgleichen darf man nur Schwindel und Betrug erwarten!“

Auch der Wirt griff wacker zu.

Der Wirt war sehr überrascht und schüttelte den Kopf. „Aber nein, junger Mann“, sagte er, „es ist bei uns hier in Erfurt so Brauch, dass man den, der seine Zehrung nicht begleichen kann, in den Mühlsack steckt. Wer aber diese Strafe abgebüßt hat, ist frei von jeder Forderung. Ihr braucht mir nichts mehr zu bezahlen. Und nun geht – und Glück auf den Weg!“

Die Magd

Eine Magd kam vorüber. Die klapperte mit dem Melkeimer. „Nur ein wenig lass mich heraus!“, bettelte Hans Sachs, „damit ich mir die verstauchten Glieder wieder einrenken kann!“

Die Magd war ein gutes Ding. Sie fühlte Mitleid mit ihm.

Sie band die Schnüre auf, und der Gefangene kroch aus seiner ledernen Zelle.

Doch plötzlich waren Schritte zu hören. „Flugs in den Sack!“, befahl die Magd. Aber Hans Sachs wollte davon jetzt nichts mehr wissen. Es gefiel ihm hier außen viel besser. Das Mädchen bat ihn. Aber er machte immerfort nur tiefe Kniebeugen und hörte nicht hin.

Da schenkte sie ihm zwölf Kreuzer, und für das Geld tat ihr der arme Teufel endlich den Gefallen: …

Doch nun sollte er erfahren, dass diese Magd gar nicht so sanft war, wie er vermutet hatte; denn kaum waren die Schnüre oben wieder zugeknotet, da holte sich das Mädchen einen Besenstiel und schlug so lange und so derb auf den Schuster ein, bis er gern das Geld wieder durch die schmale Öffnung hinausfallen ließ.

Rund um die Inhaltsangabe Best.-Nr. 3-507-41760-X

Rund um die Inhaltsangabe Best.-Nr.: 3-507-41760-X

Lösung

	Äußere Merkmale	Innere Haltungen
HANS SACHS zusammenfassendes Urteil: ein unreifer, aber aufrichtiger junger Mann, dessen Handlungen allzusehr seinen momentanen Bedürfnissen entspringen	17 Jahre, Schustergeselle, Heimat Nürnberg, wirkt nicht vornehm, ist arm, ist nicht um Worte verlegen, d. h. beredt	zielstrebig (mit 17 schon Geselle), zäh („lange Wanderung"), spontan („ehe er wusste"), von mangelnder Selbstbeherrschung („gierig"), dem momentanen Verlangen nachgebend, naiv, frech, beinahe unverschämt (der Magd gegenüber), letztlich aber einsichtig und aufrichtig, schuldbewusst
WIRT zusammenfassendes Urteil: ein gestandenes, ehrliches Mannsbild mit ausgeprägtem Geschäftssinn	Besitzer eines Gasthauses in Erfurt, älter als Hans Sachs („junger Mann"), mit kräftiger Stimme	gewinnsüchtig, einschmeichelnd, geschäftstüchtig, anbietend, unterwürfiges Verhalten, misstrauisch und cholerisch, zuletzt aber traditionsbewusst und nicht nachtragend
MAGD zusammenfassendes Urteil: eine einfache Frau mit Herz und Verstand	Magd im Gasthaus des Wirts, kräftig	mitleidig und gutherzig, mit Angst vor der Herrschaft, respektvoll, dann wütend, listig, resolut, gerecht

Reden verboten: Wie gibt man ohne wörtliche Rede Gesprochenes wieder?

In der Inhaltsangabe muss jede wörtliche Rede in die indirekte Rede übersetzt werden. Dazu verwendet man bei der Verbform den Modus Konjunktiv I und die Personal- und Possesivpronomina werden von der 1. und 2. Person in die 3. gesetzt. Lässt sich der Konjunktiv I nicht eindeutig als indirekte Form erkennen, verwendet man den Konjunktiv II oder eine Umschreibung mit Hilfsverben. Wenn ein Befehl in der indirekten Rede ausgedrückt wird, geschieht das mit „sollen". Fragesätze werden mit „ob" eingeleitet.

1. Wenn ihr euch bei der Bildung des Konjunktivs nicht sicher seid, dürft ihr an dieser Station eure Grammatik oder euer Schulbuch zu Hilfe nehmen. Nun könnt ihr mit dem Spiel beginnen. Auf dem Spielplan findet ihr wörtliche Rede, die der Sage über Hans Sachs entnommen ist. Jeder von euch sucht sich pro Reihe ein Feld aus, welches er in die indirekte Rede übersetzt. (Die Reihenfolge wird immer ausgewürfelt.) Die Mitspieler dürfen den „Übersetzer" verbessern. Das Lösungsblatt nehmt ihr erst zur Hand, wenn ihr wirklich nicht die richtige Form wisst.

2. *Zusatzaufgabe:* Haltet die Veränderungen der unten abgedruckten wörtlichen Rede in der indirekten Rede noch einmal auf einem Blatt in eurem Aufsatzheft fest!

„Ihr habt doch eben wahrhaftig gräflich gespeist. Ihr werdet auch gräflich zahlen, wie ich denke!"

„Ich lasse Euch meinen Geleitbrief hier!"

„Der kann gefälscht sein. Er ist bestimmt gefälscht; denn von Euresgleichen darf man nur Schwindel und Betrug erwarten!"

„So ein Lump! So ein Zechpreller! In den Mühlsack mit ihm!"

„Die Erfurter sind grausame Leute! Recht eigenartig ist dieses Schlafgemach! Aber es geschieht mir recht, ganz recht! Warum hab' ich den Hunger nicht noch für kurze Zeit zurückgedrängt? Vielleicht wäre schon in der nächsten Gasse die Schusterherberge gewesen. Dort hätte man mich anders aufgenommen. Aber was hilft's nun?"

„Nur ein wenig lass mich heraus! Damit ich mir die verstauchten Glieder wieder einrenken kann!"

„Flugs in den Sack!"

„Ich danke Euch für die gute Lehre, die Ihr mir da gegeben habt. Und das will ich versprechen: Meinen ersten Gesellenlohn werde ich „Zur Hohen Lilie" tragen, damit Ihr erhaltet, was Euch zusteht."

„Aber nein, junger Mann, es ist bei uns hier in Erfurt so Brauch, dass man den, der seine Zehrung nicht begleichen kann, in den Mühlsack steckt. Wer aber diese Strafe abgebüßt hat, ist frei von jeder Forderung. Ihr braucht mir nichts mehr zu bezahlen. Und nun geht – und Glück auf den Weg!"

Rund um die Inhaltsangabe Best.-Nr. 3-507-41760-X

Lösung

Er habe doch eben wahrhaftig gräflich gespeist.	Recht eigenartig sei dieses Schlafgemach!	Er danke ihm für die gute Lehre, die er ihm da gegeben habe.
Er werde auch gräflich zahlen, wie er denke!	Aber es geschehe ihm recht, ganz recht!	Und das wolle er versprechen.
Er lasse ihm seinen Geleitbrief hier!	Warum habe er den Hunger nicht noch für kurze Zeit zurückgedrängt?	Seinen ersten Gesellenlohn werde er „Zur Hohen Lilie“ tragen, damit der Wirt erhalte, was ihm zustehe.
Der könne gefälscht sein!	Vielleicht wäre schon in der nächsten Gasse die Schusterherberge gewesen.	Der junge Mann solle davon absehen, denn es sei bei ihnen in Erfurt so Brauch, dass man den, der seine Zehrung nicht begleichen könne, in den Mühlsack stecke
Er sei bestimmt gefälscht; denn von seinesgleichen dürfe man nur Schwindel und Betrug erwarten!	Dort hätte man ihn anders aufgenommen. Aber was helfe es nun?	Wer aber diese Strafe abgebüßt habe, sei frei von jeder Forderung.
Er sei so ein Lump, ein Zechpreller! Er solle in den Mühlsack!	Nur ein wenig solle sie ihn herauslassen, damit er sich die verstauchten Glieder wieder einrenken könne!	Er brauche ihm nichts mehr zu bezahlen.
Die Erfurter seien grausame Leute!	Flugs solle er in den Sack!	Und nun solle er gehen – und Glück sei auf seinem Weg!

Rund um die Inhaltsangabe Best.-Nr. 3-507-41760-X

SPIELPLAN

7.	Ihr habt doch eben wahrhaftig gräflich gespeist.	Recht eigenartig ist dieses Schlafgemach!	Ich danke Euch für die gute Lehre, die Ihr mir da gegeben habt.
6.	Ihr werdet auch gräflich zahlen, wie ich denke!	Aber es geschieht mir recht, ganz recht!	Und das will ich versprechen.
5.	Ich lasse Euch meinen Geleitbrief hier!	Warum hab' ich den Hunger nicht noch für kurze Zeit zurückgedrängt?	Meinen ersten Gesellenlohn werde ich „Zur Hohen Lilie“ tragen, damit Ihr erhaltet, was Euch zusteht.
4.	Der kann gefälscht sein!	Vielleicht wäre schon in der nächsten Gasse die Schusterherberge gewesen.	Aber nein, junger Mann, es ist bei uns hier in Erfurt so Brauch, dass man den, der seine Zehrung nicht begleichen kann, in den Mühlsack steckt.

  Best.-Nr. 3-507-41760-X

3.	Er ist bestimmt gefälscht; denn von Euresgleichen darf man nur Schwindel und Betrug erwarten!	Dort hätte man mich anders aufgenommen. Aber was hilft's nun?	Wer aber diese Strafe abgebüßt hat, ist frei von jeder Forderung.
2.	So ein Lump! So ein Zechpreller! In den Mühlsack mit ihm!	Nur ein wenig lass mich heraus, damit ich mir die verstauchten Glieder wieder einrenken kann!	Ihr braucht mir nichts mehr zu bezahlen.
1.	Die Erfurter sind grausame Leute!	Flugs in den Sack!	Und nun geht – und Glück auf den Weg!

Gezogen wird von unten nach oben. Würfelt aus, wer beginnt. Der erste Spieler hat die Wahl zwischen den drei Feldern der untersten Reihe. Ein bereits besetztes Feld darf nicht noch einmal bespielt werden. Die nachfolgenden Spieler müssen also in jeder Reihe mit dem Feld vorlieb nehmen, welches übrig bleibt. Erst wenn alle Felder einer Reihe in die indirekte Rede übersetzt wurden, darf man zur nächsten Reihe wechseln. Dem Gewinner muss am Schluss von allen ein Kompliment gemacht werden.

Indirekte Rede

 Rund um die Inhaltsangabe Best.-Nr. 3-507-41760-X

Auf den Punkt gebracht: Was will der Autor mit seinem Text sagen?

Im Schluss einer Inhaltsangabe stellt man dar, welche Absicht der Autor mit seinem Text verbindet. Da dieser mit verschiedenen Textsorten unterschiedliche Wirkungen beim Leser erzielt, ist es nötig, mit den literarischen Gattungen vertraut zu sein.

1. Bitte lest zuerst auf der Rückseite dieses Arbeitsblattes die Informationen zu Merkmalen von Sage und Schwank aufmerksam durch!

2. Nun könnt ihr mit dem Spiel beginnen. Stapelt die 40 Kärtchen, die ihr an dieser Station findet, und legt die Überschriften „Sage" und „Schwank" rechts und links auf den Tisch. Jetzt zieht ihr im Uhrzeigersinn immer eine Karte, auf welcher Sachverhalte beschrieben sind, die sie entweder der Sage oder dem Schwank zugehörig machen. Der Spieler, der an der Reihe ist, muss **die Information auf seiner Karte in einen vollständigen Aussagesatz** fassen (z. B.: „Ein Schwank ist anspruchslos, aber unterhaltsam."). Dann ordnet er seine Karte der jeweiligen Gattung zu, indem er sie unter der entsprechenden Überschrift auf dem Tisch für alle sichtbar ablegt. Kann er das nicht, kommt die Karte wieder unter den Stapel. Ihr dürft aber auch nach anderen Regeln verfahren, wenn ihr einen Sieger unter euch ausmachen wollt. Am Schluss könnt ihr euer Legespiel mit dem Lösungsblatt vergleichen.

3. Wenn ihr euch auf diese Weise mit den Merkmalen der beiden literarischen Gattungen vertraut gemacht habt, sollte es euch nicht schwer fallen, gemeinsam einen Abschlusssatz zur Inhaltsangabe „Der Mann im Sack" zu formulieren. **Bevor ihr damit beginnt, lest bitte noch einmal das Informationskästchen oben auf diesem Blatt.**

4. Auch hierbei könnt ihr zu einem Vergleich das Lösungsblatt heranziehen.

Abschlusssatz

Der Mann im Sack ______________________________

____

____

____

____

____

____

5. *Zusatzaufgabe:* Diesen Abschlusssatz könnt ihr (wenn ihr schon an den anderen Stationen gewesen seid) den übrigen Teilen eurer Inhaltsangabe im Aufsatzordner hinzufügen.

6. *Zusatzaufgabe:* Formuliert Abschlusssätze von Inhaltsangaben zu berühmten Märchen oder Sagen eurer Umgebung!

Rund um die Inhaltsangabe Best.-Nr. 3-507-41760-X

Rund um die Inhaltsangabe   Best.-Nr. 3-507-41760-X

Aus verschiedenen Lexika

Schwänke erzählen lustige Streiche (Till Eulenspiegel), verspotten namenlose Dummheiten (Die Sieben Schwaben) und verblüffen durch unglaubliche Übertreibungen. Wir staunen, lachen und lernen, dass der Schwache durch List auch mal den Stärkeren unterkriegen kann. Das Sprichwort „Wer zuletzt lacht, lacht am besten" ist das Muster, nach dem die meisten Schwänke gestrickt sind. Vielfach wurden sie alten Volksbüchern entnommen. Auch die Schildbürgergeschichten und Münchhausens Lügenmärchen gehören zur Klasse der anspruchslosen, aber unterhaltsamen Schwänke. Immer wieder erscheinen neue oft prächtig illustrierte Bearbeitungen für Kinder.

aus: Rosemarie Wildemuth, Ellermann Lese-Lexikon, S. 81

Schwank. Der Begriff ist von dem mittelhochdeutschen „swanc" abgeleitet und bezeichnet übertragen so viel wie Hieb oder lustiger Streich. Damit ist eigentlich schon klar, um was es im Schwank geht: jemanden mit Humor einen Hieb versetzen, ihn verspotten oder einen Streich spielen. Meist macht sich darin ein Kluger über einen Dummen lustig, häufig werden auch Standesgegensätze dargestellt (dummer Bauer – kluger Adeliger). Die Sprache ist derb und drastisch, manchmal obszön, nicht selten auch zur Unterstützung der komischen Wirkung in Mundart. Immer wird jedoch das kurz und knapp gehaltene Geschehen übertrieben dargestellt.
Schwänke sind schon seit dem frühen Mittelalter bekannt. Seine Hochzeit erlebte er aber erst mit der Verbreitung im Druck im 15. Jahrhundert, zunächst noch in Reimen (Hans Sachs) und Prosa, später nur noch in Prosa. Zu dieser Zeit entstanden auch die heute noch beliebten Schwanksammlungen des *Eulenspiegels* (1515) und der *Schildbürger*. Diesen Schwänken und den später entstandenen Lügendichtungen des *Münchhausen* von Gottfried August Bürger (1786) ist gemeinsam, dass sie sich um eine zentrale Figur drehen. Waren die Schwänke im 18. Jahrhundert noch weit verbreitet, geriet diese Gattung in der Folge lange Zeit in Vergessenheit. Erst Jaroslav Haseks *Soldat Schweijk* (Tschechien), Isaac B. Singer (USA), Otfried Preußler und Erich Kästner griffen den Schwank, auch als Erzählstoff für Kinder und Jugendliche, wieder auf.

etwas verkürzt aus: dtv junior Literatur-Lexikon, S. 75f.

Sage. Wie die Volksmärchen wurden auch die Volkssagen mündlich im Volk überliefert. Aber sie sind wesentlich kürzer als die meisten Märchen und umfassen oft nur wenige Sätze. Sagen sind häufig an ganz bestimmte Orte gebunden und oft auch zeitlich genau fixiert. Während im Märchen der Schluss unbestimmt offen bleibt … („und wenn sie nicht gestorben sind …"), gibt die Sage dagegen eine bestimmte abschließende Auskunft … („und nach drei Tagen ist er gestorben"). Mit solchen Angaben erhob die Sage Anspruch darauf, ernst genommen zu werden. Es gab Sagen, die ihre Zuhörer einfach nur unterhalten wollten und deshalb auch etwas breiter ausgestaltet waren.
Da man die uns bekannten Sagen verhältnismäßig leicht inhaltlichen Gruppen zuordnen kann, wurden weitere Untergruppen festgelegt. Auf der einen Seite gibt es die dämonischen Sagen, die sich mit Gespenstern, Riesen, Zwergen, mit Drachen und Werwölfen, lebenden Toten, Hexen und Wassermännern beschäftigen. Eine weitere Gruppe bilden die historischen oder Wissens-Sagen. Sie berichten sehr genau von tatsächlichen oder angeblichen geschichtlichen Ereignissen, von Schlachten, Kriegen, Hungersnöten oder Seuchen. Vielen Sagen um historische Persönlichkeiten, um Kaiser und Könige, um Raubritter und andere Räuber (z. B. Eppelein von Gailingen) gehören hierher. Die dritte wichtige Gruppe bilden die Erklärungssagen, die überall dort entstanden, wo man eine unerklärliche Erscheinung in der Natur, bei Menschen oder Tieren zu erklären versuchte.

etwas verkürzt aus: dtv junior Literatur-Lexikon, S. 72f.

SPIELKARTEN

SCHWANK

verspottet namenlose Dummheiten	„Wer zuletzt lacht, lacht am besten" ist das Strickmuster	Münchhausens Lügenmärchen gehören zur Klasse	anspruchslos, aber unterhaltsam	Wir staunen, lachen und lernen
neue, oft prächtig illustrierte Bearbeitungen für Kinder	der Schwache kann durch List auch mal den Stärkeren unterkriegen	erzählt lustige Streiche	von dem mittelhochdeutschen „swanc" abgeleitet	bezeichnet übertragen so viel wie Hieb oder lustiger Streich
Meist macht sich darin ein Kluger über einen Dummen lustig	Häufig werden auch Standesgegensätze dargestellt (dummer Bauer – kluger Adeliger)	Die Sprache ist derb und drastisch, manchmal obszön	zur Unterstützung der komischen Wirkung auch in Mundart	Immer wird jedoch das kurz und knapp gehaltene Geschehen übertrieben dargestellt
Seine Hochzeit erlebt … aber erst mit der Verbreitung im Druck im 15. Jahrhundert	lange Zeit in Vergessenheit	Otfried Preußler und Erich Kästner griffen … wieder auf	zunächst noch in Reimen (Hans Sachs)	später nur noch in Prosa

  Best.-Nr. 3-507-41760-X

SAGE

es gibt Untergruppen	hat einen deutlichen Schluss	Schlachten und Kriege	berichtet von tatsächlichen oder angeblichen Ereignissen	ähnelt dem Märch
manche wurden breiter ausgestaltet	Hexen und Wassermänner	Könige, Raubritter	kann man leicht inhaltlichen Gruppen zuordnen	dämonisch
erzählt von historischen Persönlichkeiten	gibt Erklärungen für seltsame Erscheinungen	ist oft auch zeitlich genau fixiert	gibt eine bestimmte abschließende Auskunft	will ernst genommen werden
will ihre Zuhörer einfach nur unterhalten	wurde mündlich im Volk überliefert	ist wesentlich kürzer als die meisten Märchen	umfasst oft nur wenige Sätze	ist häufig an ganz bestimmte Orte gebunden

  Best.-Nr. 3-507-41760-X

Textsorte

Lösung

SCHWANK

verspottet namenlose Dummheiten	„Wer zuletzt lacht, lacht am besten“ ist das Strickmuster	Münchhausens Lügenmärchen gehören zur Klasse	anspruchslos, aber unterhaltsam
Wir staunen, lachen und lernen	neue, oft prächtig illustrierte Bearbeit- tungen für Kinder	der Schwache kann durch List auch mal den Stärkeren unterkriegen	erzählt lustige Streiche
von dem mittel- hochdeutschen „swanc“ abgeleitet	bezeichnet übertragen so viel wie Hieb oder lustiger Streich	Meist macht sich darin ein Kluger über einen Dummen lustig	Häufig werden auch Standesgegensätze dar- gestellt (dummer Bauer – kluger Adeliger)
Die Sprache ist derb und drastisch, manchmal obszön	zur Unterstützung der komischen Wirkung auch in Mundart	Immer wird jedoch das kurz und knapp gehal- tene Geschehen über- trieben dargestellt	Seine Hochzeit erlebt … aber erst mit der Verbreitung im Druck im 15. Jahrhundert
lange Zeit in Vergessenheit	Otfried Preußler und Erich Kästner griffen … wieder auf	zunächst noch in Reimen (Hans Sachs)	später nur noch in Prosa

SAGE

es gibt Untergruppen	hat einen deutlichen Schluss	Schlachten und Kriege	berichtet von tatsächlichen oder angeblichen Ereignissen
ähnelt dem Märchen	manche wurden breiter ausgestaltet	Hexen und Wassermänner	Könige, Raubritter
kann man leicht inhaltlichen Gruppen zuordnen	dämonisch	erzählt von historischen Persönlichkeiten	gibt Erklärungen für seltsame Erscheinungen
ist oft auch zeitlich genau fixiert	gibt eine bestimmte abschließende Auskunft	will ernst genommen werden	will ihre Zuhörer einfach nur unterhalten
wurde mündlich im Volk überliefert	ist wesentlich kürzer als die meisten Märchen	umfasst oft nur wenige Sätze	ist häufig an ganz bestimmte Orte gebunden

Rund um die Inhaltsangabe Best.-Nr. 3-507-41760-X

SAGE

es gibt Untergruppen	hat einen deutlichen Schluss	Schlachten und Kriege	berichtet von tatsächlichen oder angeblichen Ereignissen	ähnelt dem Märchen
manche wurden breiter ausgestaltet	Hexen und Wassermänner	Könige, Raubritter	kann man leicht inhaltlichen Gruppen zuordnen	dämonisch
erzählt von historischen Persönlichkeiten	gibt Erklärungen für seltsame Erscheinungen	ist oft auch zeitlich genau fixiert	gibt eine bestimmte abschließende Auskunft	will ernst genommen werden
will ihre Zuhörer einfach nur unterhalten	wurde mündlich im Volk überliefert	ist wesentlich kürzer als die meisten Märchen	umfasst oft nur wenige Sätze	ist häufig an ganz bestimmte Orte gebunden

Lösung

SCHWANK

verspottet namenlose Dummheiten	„Wer zuletzt lacht, lacht am besten“ ist das Strickmuster	Münchhausens Lügenmärchen gehören zur Klasse	anspruchslos, aber unterhaltsam
Wir staunen, lachen und lernen	neue, oft prächtig illustrierte Bearbeittungen für Kinder	der Schwache kann durch List auch mal den Stärkeren unterkriegen	erzählt lustige Streiche
von dem mittelhochdeutschen „swanc“ abgeleitet	bezeichnet übertragen so viel wie Hieb oder lustiger Streich	Meist macht sich darin ein Kluger über einen Dummen lustig	Häufig werden auch Standesgegensätze dargestellt (dummer Bauer – kluger Adeliger)
Die Sprache ist derb und drastisch, manchmal obszön	zur Unterstützung der komischen Wirkung auch in Mundart	Immer wird jedoch das kurz und knapp gehaltene Geschehen übertrieben dargestellt	Seine Hochzeit erlebt … aber erst mit der Verbreitung im Druck im 15. Jahrhundert
lange Zeit in Vergessenheit	Otfried Preußler und Erich Kästner griffen … wieder auf	zunächst noch in Reimen (Hans Sachs)	später nur noch in Prosa

SAGE

es gibt Untergruppen	hat einen deutlichen Schluss	Schlachten und Kriege	berichtet von tatsächlichen oder angeblichen Ereignissen
ähnelt dem Märchen	manche wurden breiter ausgestaltet	Hexen und Wassermänner	Könige, Raubritter
kann man leicht inhaltlichen Gruppen zuordnen	dämonisch	erzählt von historischen Persönlichkeiten	gibt Erklärungen für seltsame Erscheinungen
ist oft auch zeitlich genau fixiert	gibt eine bestimmte abschließende Auskunft	will ernst genommen werden	will ihre Zuhörer einfach nur unterhalten
wurde mündlich im Volk überliefert	ist wesentlich kürzer als die meisten Märchen	umfasst oft nur wenige Sätze	ist häufig an ganz bestimmte Orte gebunden

Rund um die Inhaltsangabe Best.-Nr. 3-507-41760-X

Rund um die Inhaltsangabe Best.-Nr. 3-507-41760-X

Lösung

Abschlusssatz

Der Mann im Sack

Die Sage „Der Mann im Sack“ erklärt dem Zuhörer den Hintergrund eines Werkes von Hans Sachs mit dem Titel „Der Gast im Sack“. Sie gibt Auskunft über ein lehrreiches Reiseabenteuer des weltberühmten Nürnberger Handwerksmeisters.

Partnersuche! Wie gestaltet man sinnvolle Satzgefüge?

Damit man das ausführliche Textmaterial der Vorlage für die Inhaltsangabe kürzen kann, sollte man in der Verwendung von Gliedsätzen (Nebensätzen) einigermaßen vertraut sein. Besonders hilfreich für die Textzusammenfassung sind die Adverbialsätze, denn sie geben über alle Umstände eine präzise, aber knappe Auskunft.

1. Bitte studiert das Informationsblatt und erschließt über die Beispielsätze den Zusammenhang der Tabelle.

2. Die Tabelle aus dem Informationstext findet ihr (ohne Beispielsätze und Konjunktionen) auch vergrößert an dieser Station vor. Bitte überlegt gemeinsam, welche Fragen, die auf den losen Kärtchen abgedruckt sind, ihr den jeweiligen Adverbialsätzen zuordnen müsst! Wenn ihr fertig seid, dürft ihr euer Ergebnis mit dem Lösungsblatt vergleichen.

3. Nun kann jeder Einzelne von euch überprüfen, ob er in der Verwendung der Fachausdrücke schon sicher ist, indem er ein Puzzle, das im Briefumschlag zu finden ist, zusammensetzt. Die Teile müssen am Schluss so liegen, dass sich der Fachausdruck für die Adverbialsatzart immer gegenüber dem entsprechenden (unterstrichenen) Satz befindet. Nehmt notfalls das Informationsblatt zur Hand und vergleicht die Konjunktionen der Puzzlesätze mit der Tabelle!

4. *Zusatzaufgabe:* Schreibt die Fachausdrücke für die Adverbialsatzart in die entsprechenden Klammern!

Obwohl er kein Geld hat (________________), gibt er der Verlockung nach.

Dadurch, dass er der Magd sein Leid klagt (________________), gewinnt er ihren Beistand und sie befreit ihn.

Damit er nicht entdeckt wird (__________), bittet ihn die Magd, in den Sack zu schlüpfen.

Soweit es an ihm läge (____________), wolle er nicht zurück in den Sack.

Als es ans Zahlen der Zeche geht (________________), bekennt Sachs seine Schuld.

Weil Sachs die Zeche nicht bezahlen kann (________________), wird er in den Mühlsack gesteckt.

Der Wirt tischt seinem Gast Köstlichkeiten auf, als ob dieser ein Mann von vornehmer Herkunft sei (________________).

Die Magd verabreicht ihm eine gehörige Tracht Prügel, sodass er das Geld freiwillig herausgibt (________________).

Nun muss er am eigenen Leib spüren, wie es ist, wenn man betrogen wird (________________).

Hans Sachs will seine Zeche nachträglich bezahlen, während der Wirt ihm dieses Anerbieten zurückweist (________________).

Rund um die Inhaltsangabe Best.-Nr. 3-507-41760-X

Wichtige Adverbialsatzarten

Wie Ihr vielleicht schon wisst, nennt man die Verknüpfung eines Hauptsatzes mit einem Nebensatz „Satzgefüge". Weil Nebensätze in Satzgefügen die Rolle von Satzgliedern übernehmen, nennt man sie auch Gliedsätze und fügt dann zur näheren Bestimmung noch die Art des Satzglieds in ihren Namen ein. Ein „Adverbialsatz" übernimmt also die Rolle einer „Adverbiale", einer Umstandsangabe.

Umstände / Adverbialien	Beispiel für die Adverbialsatzart	Adverbialsatzart	den Gliedsatz einleitende Konjunktion
Zeitverhältnis, Zeitpunkt, Dauer	**Nachdem** ich den Lernzirkel durchlaufen hatte, verstand ich die Aufsatzart.	Temporalsatz	nachdem; bevor; während; als; sobald; wenn
Ursache, Grund, Begründung	**Weil** ich eine gute Note schreiben wollte, vertiefte ich mich noch einmal in die Arbeitsblätter.	Kausalsatz	weil; da
Zweck, Absicht	Die Textzusammenfassung gibt einen Text verkürzt wieder, **damit** man sich über den Inhalt schnell einen Überblick verschaffen kann.	Finalsatz	damit; dass; auf dass
Gegensatz	Bei der Aufsatzart „Erzählung" verwendet man wörtliche Rede, **während** die Inhaltsangabe wörtliche Rede nur indirekt wiedergibt.	Adversativsatz	während
Folge	In der indirekten Rede steht das Verb im Konjunktiv, **sodass** der Leser die sachliche und distanzierte Haltung des Textzusammenfassers gleich bemerkt.	Konsekutivsatz	sodass; dass; so, dass
Voraussetzung, Bedingung	**Wenn** man einige sprachliche Techniken der Kürzung beherrscht, lässt sich jeder Text leicht auf das Wesentliche reduzieren.	Konditionalsatz	falls; sofern; wenn
Einräumung, Grund, der nicht zählt	**Obwohl** das Zusammenfassen von Texten nicht schwer ist, treten immer wieder typische Fehler auf.	Konzessivsatz	obwohl; obgleich
Einschränkung	**Soweit** ich weiß, wird leider häufig das Präteritum und nicht das Präsens verwendet.	Restriktivsatz	soweit; allein; nur
Art und Weise	Dann klingt die Inhaltsangabe so, **als ob** sie eine Nacherzählung sei.	Modalsatz	als ob; wie wenn; insofern
Mittel	Die Aussage eines Textes gibt man sachlich richtig wieder, **indem** man die Handlungsschritte in ihrem logischen Zusammenhang von Grund und Folge verknüpft.	Instrumentalsatz	indem; dadurch, dass

FRAGE

wann

wozu

warum

wogegen

mit welcher Folge

trotz welchen Gegengrundes

unter welcher Bedingung

trotz welcher Einschränkung

wie

wodurch

Rund um die Inhaltsangabe Best.-Nr. 3-507-41760-X

Rund um die Inhaltsangabe Best.-Nr. 3-507-41760-X

ANZEIGE	FRAGE	FACHAUSDRUCK
Zeitverhältnis		temporal
Grund		kausal
Zweck		final
Gegensatz		adversativ
Folge		konsekutiv
Bedingung		konditional
Einräumung		konzessiv
Einschränkung		restriktiv
Art und Weise		modal
Mittel		instrumental

Obwohl er kein Geld hat, gibt er der Verlockung nach.

konzessiv

Weil Sachs die Zeche nicht bezahlen kann, wird er in den Mühlsack gesteckt.

kausal

Nun muss er am eigenen Leib spüren, wie es ist, wenn man betrogen wird.

konditional

Die Magd verabreicht ihm eine gehörige Tracht Prügel, sodass er das Geld freiwillig herausgibt.

konsekutiv

Hans Sachs will seine Zeche nachträglich bezahlen, während der Wirt ihm dieses Anerbieten zurückweist.

adversativ

Damit er nicht entdeckt wird, bittet ihn die Magd, in den Sack zu schlüpfen.

final

Soweit es an ihm läge, wolle er nicht zurück in den Sack.

restriktiv

Als es ans Zahlen der Zeche geht, bekennt Sachs seine Schuld.

temporal

Der Wirt tischt seinem Gast Köstlichkeiten auf, als ob dieser ein Mann von vornehmer Herkunft sei.

modal

Dadurch, dass er der Magd sein Leid klagt, gewinnt er ihren Beistand und sie befreit ihn.

instrumental

Rund um die Inhaltsangabe Best.-Nr. 3-507-41760-X

Lösung

Zeitverhältnis	wann	temporal
Grund	warum	kausal
Zweck	wozu	final
Gegensatz	wogegen	adversativ
Folge	mit welcher Folge	konsekutiv
Bedingung	unter welcher Bedingung	konditional
Einräumung	trotz welchen Gegengrundes	konzessiv
Einschränkung	trotz welcher Einschränkung	restriktiv
Art und Weise	wie	modal
Mittel	wodurch	instrumental

Alles kapiert? Wie lassen sich alle Teilaspekte der Inhaltsangabe zu einem Ganzen verbinden?

Beim Schreiben einer Textzusammenfassung muss man viele inhaltliche und sprachliche Aspekte berücksichtigen. Jedes Schulbuch gibt durch die Gliederung des Informationsmaterials über die Inhaltsangabe/Textzusammenfassung Aufschluss darüber.

1. In dem hinteren Teil der Mappe findet ihr viele verschiedene Satzstreifen, die das Gerüst einer Gliederung aller Informationen über diese Aufsatzart bilden. **Achtung, kein Teil darf verloren gehen!.** Stellt euch vor, ihr müsstet daraus ein Lernplakat zum Thema „Inhaltsangabe" erstellen: Wie würdet ihr die Satzstreifen anordnen? Diskutiert in der Gruppe darüber und versucht, mit den vorhandenen Kärtchen ein anschauliches Plakat zu gestalten! **(Nicht kleben!)** Achtet darauf, dass alles Zusammengehörige so angeordnet ist, dass dieses Poster am Schluss wirklich einen guten Überblick über die Aufsatzart „Inhaltsangabe" garantiert!

2. Wenn ihr mit eurem Ergebnis zufrieden seid, kommt das Schwierigste (aber auch Lohnendste): Lost untereinander aus, wer von euch nun seinen beiden Mitschülern anhand und mithilfe des Plakats einen Vortrag über diese Aufsatzart zu halten hat! Er muss bei seinem Kurzreferat alle Dinge, die auf den Satzstreifen genannt werden, berücksichtigen. Hat den Zuhörern dieser Vortrag gefallen, dürfen sie den Vortragenden mit einer Tüte Gummibärchen belohnen.

3. *Zusatzaufgabe:* Nun markiert, unterringelt oder nummeriert die hier unten aufgeführten Satzstreifen so, dass ihr in der Lage seid, ohne vom großen Plakat abzuschreiben, dennoch einen Hefteintrag zu gestalten!

Inhaltliche
Präsens
Folge
Grund
Handlung
Konjunktiv I
Konjunktiv II
Gesichtspunkte zur Inhaltsangabe
Prägnanz
Tempus
Adverbiale
charakterisieren
herstellen
in Schritte gliedern
verwenden

Was geschieht?
Wie kann man Rede und Handlung deuten?
Warum geschieht es?
Welche Hinweise gibt der Text?
inneren Zusammenhang herstellen
mit welchem Ergebnis
Satzgefüge
Umschreibung „würde"
innere Merkmale
äußere Merkmale
Indirekte Rede
beachten
Personen
chronologischer Ablauf
Sprachliche

Rund um die Inhaltsangabe Best.-Nr. 3-507-41760-x

Lösung

Überblick

Gesichtspunkte zur Inhaltsangabe

INHALTLICHE

1. Handlung

- ***in Schritte gliedern***

  Chronologischer Ablauf:
  Was geschieht?

- ***inneren Zusammenhang herstellen***

  Folge:
  Mit welchem Ergebnis?

  Grund:
  Warum geschieht es?

2. Personen

- ***charakterisieren***

  äußere Merkmale:
  Welche Hinweise gibt der Text?

  innere Merkmale:
  Wie kann man Rede und Handlung deuten?

SPRACHLICHE

1. Prägnanz

- ***herstellen***

  Adverbiale
  Satzgefüge

2. Indirekte Rede

- ***verwenden***

  Konjunktiv I
  Konjunktiv II
  Umschreibung „würde“

3. Tempus

- ***beachten***

  Präsens

Überblick

Gesichtspunkte zur Inhaltsangabe

SPRACHLICHE	INHALTLICHE
1. Prägnanz	1. Handlung
2. Indirekte Rede	
3. Tempus	2. Personen
herstellen	*in Schritte gliedern*
verwenden	*charakterisieren*
beachten	*inneren Zusammenhang herstellen*

Rund um die Inhaltsangabe Best.-Nr. 3-507-41760-X

Überblick

Satzgefüge

Adverbiale

Konjunktiv I

Konjunktiv II

Präsens

Grund

Folge

Umschreibung „würde“

Chronologischer Ablauf

innere Merkmale

äußere Merkmale

Was geschieht?

Welche Hinweise gibt der Text?

Wie kann man Rede und Handlung deuten?

Warum geschieht es?

Mit welchem Ergebnis?

Rund um die Inhaltsangabe Best.-Nr. 3-507-41760-X

Hans Sachs

Der Krämerskorb

Der Nürnberger Schuhmacher und Poet Hans Sachs schrieb den „Krämerskorb" vor mehr als vierhundert Jahren. Dieses kurze Schauspiel ist ein typisches Beispiel der Schwankliteratur.

Personen: Der Knecht – Der Krämer – Die Krämerin – Der Herr – Die Frau – Die Magd

Erste Szene

Knecht: Mein Herr sagt: „Heinrich, hole Wein!"
Drum lauf' ich rasch und kauf' ihn ein,
Dass ich versäum' das Essen nicht,
Das man doch schon hat angericht'!
Ei, schau, schau, schau, was ist da vorn,
Dort bei der Tür vom „Gold'nen Horn"?
Ein Krämer schimpft mit seiner Frau!

Krämer: *(Krämersleute kommen)*
Nimm jetzt den Korb, und lass uns gehn!

Krämerin: Das wollen wir doch erst mal sehn!
Ich sollt' ihn tragen übers Feld,
Obleich du nachts verspielst das Geld?
Lebtest den Handel du so viel
Wie Würfel- oder Kartenspiel,
Dann nähme unser Kram wohl zu!
Doch nein, sag nur, wie haushalt'st du?
Grad wie ein bodenloser Kübel!!!

Krämer: Hast nun genug zitiert die Bibel!
Ich will kein Kartenspiel mehr sehn!
Nimm jetzt den Korb, und lass uns gehn!

Krämerin: Wie oft hast du mir das versprochen
Und später stets den Eid gebrochen,
Kamst du zu deinen Spießgesellen,
Falschspielern, die dir Fallen stellen.
Verlierst und tust's doch immer wagen
Drum will ich auch den Korb nicht tragen!
Trag du ihn!!!

Krämer: Nein, ich lass' ihn stehn!

Krämerin: Nun gut!

Krämer: Komm, Alte lass uns gehn!
Nimm du den Korb auf' deinen Rücken!
Verlor ich heut – wird's morgen glücken!

Krämerin: Rein gar nichts werden wir gewinnen!
Nein, alles seh' ich nur zerinnen.
Das, was wir haben, ist geborgen.
Und du sagst stets nur: Morgen, morgen!
Schluss! Aus! Ich werd' den Korb nicht tragen!

Krämer: Nun, liebe Kratz-Els, lass dir sagen,
Dass wir nichts haben, da tust du
Auf deine Art auch viel dazu!

Krämerin: Dass wir nichts haben, tu' ich – was???

Krämer: Ei, wo wir ziehen auf der Straß'
Holst du aus deiner Schürzentasche
Bei jeder Rast die Branntweinflasche!

Krämerin: Was tust um meinen Schnaps dich scheren?

Krämer: Was tust du mir mein Spiel verwehren?
Trink' ich ein Glas, gleich zwei willst du!
Und einen Brocken Fleisch dazu!
Wir sind zwei Scheit aus einem Holz!
Drum nimm den Korb, und sei nicht stolz!

Krämerin: Und wenn du wie ein Zeislein sängest
Und wie ein Böcklein um mich sprängest,
Ich trag' ihn nicht!

Krämer: Ich lass ' ihn stehn!

Krämerin: Dann werden wir halt ohne gehn!

Krämer: Nun ist's genug! Den Korb!

Krämerin: Da steht er!

Krämer: Da nimm ihn!

Krämerin: Nein, du schwarzer Peter!

Krämer: Dann nimm halt dies, versoff'ne Blas!

Krämerin: Und du nimm dies!

Krämer: Und du nimm das!!! *(Krämersleute ab)*

Knecht: Die Kräm'rin hat den Kampf gewonnen.
– Mein Gott, was bin ich unbesonnen,
Steh' da und hab' den Wein vergessen,
Dieweil mein Herr bereits am Essen!

Rund um die Inhaltsangabe   Best.-Nr. 3-507-41760-X

Rund um die Inhaltsangabe Best.-Nr. 3-507-41760-X

Zweite Szene

Herr: Wo mag denn unser Hausknecht sein?
Ich denk', er brächte uns den Wein!
Vielleicht tut er mit Knechten händeln?

Frau: Nein, eher mit den Mägden tändeln!
Mit Suse, Grete, wie sie heißen!
Was wird er uns für Ausred weisen?
Schau nur; dort kommt der Schlendrian
So träge wie ein Ochse an!

Knecht: Gott segne euch den kühlen Wein!

Herr: Herein! In Henkers Namen, rein!
Nun sind wir fast zwei Stund' gesessen
Und haben ohne Trank gegessen!
Dir geb' ich's, so lang rumzulungern:
Die Töpf' sind leer; nun musst du hungern!

Knecht: Ach, lieber Herr; so zürnet nicht.
Ich kam zu einer wüsten G'schicht:
Ein Krämer hat sein Geld verspielt
Drob war die Krämerin so wild,
Dass sie den Korb nicht wollte tragen;
Da haben sich die zwei verschlagen.
Dem Streit hab' ich halt zugesehn!

Frau: Dem Krämer ist ganz recht geschehn!
Dass er den schweren Korb muss nehmen:
Wer's Geld verspielt, der soll sich schämen!
Bei mir gäb's da kein Federlesen!

Herr: Wär' ich der Krämersmann gewesen,
Und wär' beim Spiel ums Geld gekommen:
Du hätt'st den Korb bei Gott genommen!

Die Bibel sagt es ganz genau:
Dem Mann sei untertan die Frau!
Und deshalb müsstest du ihn tragen!

Frau: Mein lieber Mann, so lass dir sagen:
Wenn so ein Mann sein Geld vertut
und sonst auch ist ein Tunichtgut,
Meinst nicht, der trüg' den Korb mit Recht?

Herr: Oh, 's gibt auch Frauen, welche schlecht,
Die nur nach neuen Kleidern trachten,
Mit Augen nach den Männern schmachten.
Mal woll'n sie Schuh', mal woll'n sie Hüte,
Und so geht's fort, du liebe Güte!
Meinst nicht, der Korb gehörte jenen?!

Frau: Nun, ich gehör' ja nicht zu d e n e n!

Herr: Ach, du bist auch nicht hasenrein!

Frau: Was, ich sollt' auch so eine sein?
Jetzt tät' ich ihn erst recht nicht tragen
Und würdest du mir's zehnmal sagen!

Herr: Wenn ich es aber haben wollte!

Frau: Ich nähm' ihn nicht, und wenn ich sollte!

Herr: Tät' dir schon auf die Finger hauen!

Frau: Mein Gott, du tust dich ja nicht trauen!

Herr: Da!!!

Frau: Au!!! Ich will's den Freunden klagen,
Dass du mich wegen nichts geschlagen!

Herr: Nun denn, ich hab' schon einen Grund:
S' war wegen deinem bösen Mund!!!

Frau: Hast selber einen!

Herr: Gleich gibt's mehr!

Frau: Oh, bitte schön, so schlag doch her!

Herr: Na gut! So renn doch nicht davon!

Frau: Zu Hilf, zu Hilf!

Herr: Ich fang' dich schon! *(Herr und Frau ab)*

Knecht: Au! Patsch! Jetzt sie! Und jetzt der Mann!
Und nur der Korb ist Schuld daran!
Und nicht nur er; auch i c h im Grund:
Ein andermal halt' ich den Mund!!!

Dritte Szene

Magd: Ei, lieber Heinz, was war da eben?
Die haben es sich schön gegeben!

Knecht: Ach, nichts! Die beiden stritten sich!

Magd: Sie hatten Krach, das sah auch ich!
Erzähl, warum sie sich versohlt?!

Knecht: Ich hab' doch vorhin Wein geholt,
Da sah ich einen Krämersmann ...

Magd: Aha!

Knecht: Mit einem Korb ...

Magd: Und dann???

Knecht: Der Krämer hatte Geld verspielt.

Magd: Drauf?

Knecht: War die Krämerin halt wild!
„Trag du den Korb!“, schrie sie.

Magd: Und er?

Knecht: „Trag du ihn!“, so ging's hin und her!
„Ich nehm' ihn nicht um alle Welt!“
„Wer hat heut Nacht verspielt das Geld?!!!“
„Dein Korb, mein Geld sind zweierlei!“
Am Schluss verdroschen sich die zwei!
Kurz, ich erzählte hier davon –
Die Frau schrie gleich in wildem Ton:
„Die Krämerin war ganz im Recht!“

Magd: Nicht schlecht, sag' ich, nein, gar nicht schlecht!

Knecht: Der Herr war für den Krämersmann.
So ging der Korb-Streit nochmals an!
Am Schlusse schlugen sich die beiden

Magd: Wo's doch so leicht wär', zu entscheiden!
Wenn ich wär' an der Kräm'rin Stelle …

Knecht: … du trügst den Korb auf alle Fälle!
Sonst gäb' es einen auf den Latz!!!

Magd: Von dir?

Knecht: Von mir, jawohl mein Schatz!!!

Magd: Versuch's, wer besser dreschen kann!

Knecht: Geht's nochmals los?

Magd: Wer fing denn an?

Knecht: Nun, liebstes Mädchen, vielleicht ich???

Magd: Nenn nur nicht immer „Liebste“ mich!
Mit jedem Mädchen anzubändeln
Und allen Mägden rumzutändeln!!!
Und dann zu mir mit „Liebste“ kommen!

Knecht: Oh, du bist auch nicht von den Frommen!

Magd: Und so etwas sagst du zu mir?

Knecht: Na, gibst du's zu, der Korb ist dir!

Magd: Und dir, du Lump, gehört wohl das!

Knecht: Aaahh!

Magd: Oooohh! Wart nur! – So jetzt!

Knecht: Die saß!!! *(Magd ab)*
Was hat der Korb für Streit gebracht,
Mein Gott, wer hätte das gedacht!
Erst Krämerin und Krämersmann'
die Herrin und der Herr sodann,
Drauf war's die Magd, die mich verschlug!
Nun ja, aus Schaden wird man klug:
Wenn zwei sich schlagen, seid gescheit,
Und mischt euch nicht in ihren Streit,
Enthaltet euch des dummen Krachs!
Den guten Rat gibt euch: Hans Sachs!

Quellenangaben:

Der Mann im Sack, S. 8–9
- Bauer, Franz: Alt-Nürnberg, Sagen, Geschichten, Legenden. München: J. Lindauer (Schäefer) ^{4}1964. S. 143–147.

Hans Sachs, Der Krämerskorb, S. 46–48
- Wieszner, Georg Gustav: Bärenreiter Laienspiele. Hrsg. von Rudolf Mirbt.

Lexikonartikel: Schwänke (Station: Textsorte)
- Wildermuth, Rosemarie: Ellermann Leselexikon. München: Ellermann Verlag 1993.

Lexikonartikel: Sage, Schwank (Station: Textsorte)
- dtv junior Literatur-Lexikon. Berlin/München: Cornelsen Verlag, Deutscher Taschenbuch Verlag ^{12}1998.

Literaturhinweise:
- Klippert, Heinz: Methodentraining. Übungsbausteine für den Unterricht. Weinheim/Basel: Beltz Verlag 1994.
- Klippert, Heinz: Teamentwicklung im Klassenraum. Übungsbausteine für den Unterricht. Weinheim/Basel: Beltz Verlag 1998.

Rund um die Inhaltsangabe Best.-Nr. 3-507-41760-X